|读国学 · 诵经典|

（春秋）曾子◎著　文捷◎编译

中國華僑出版社

**图书在版编目（CIP）数据**

大学全解 /（春秋）曾子著；文捷编译. —北京：
中国华侨出版社，2016.4（2021.2重印）
ISBN 978-7-5113-6047-2

Ⅰ. ①大… Ⅱ. ①曾… ②文… Ⅲ. ①儒家②《大学》
—译文③《大学》—注释 Ⅳ. ①B222.1

中国版本图书馆CIP数据核字（2016）第089211号

● **大学全解**

编　　著 /（春秋）曾子著　文捷编译
责任编辑 / 文　喆
责任校对 / 孙　丽
装帧设计 / 环球互动
经　　销 / 新华书店
开　　本 / 710毫米×1000毫米 1/16　印张 /14.5　字数 /194千字
印　　刷 / 三河市嵩川印刷有限公司
版　　次 / 2016年6月第1版　　2021年2月第2次印刷
书　　号 / ISBN 978-7-5113-6047-2
定　　价 / 48.00元

中国华侨出版社　北京市朝阳区静安里26号通成达大厦3层　邮编：100028
法律顾问：陈鹰律师事务所　　编辑部：（010）64443056　64443979
发行部：（010）64443051　　传　真：（010）64439708
网　址：www.oveaschin.com　　E-mail：oveaschin@sina.com

# 前言

《大学》本是《礼记》中论述儒家修身、治国、平天下思想的散文，相传为曾子所作，是一部中国古代讨论教育理论的重工著作。后来，因为其内容太过精彩，代表了儒家的基本思想理念，宋代人就将其从《礼记》中抽离出来，与《论语》《孟子》《中庸》相配合，到朱熹撰《四书章句集注》时，便成了“四书”之一。

《大学》提出的“三纲领”（明明德、亲民、止于至善）和“八条目”（格物、致知、诚意、正心、修身、齐家、治国、平天下），强调修己是治人的前提，修己的目的是为了治国、平天下，说明治国、平天下和个人道德修养的一致性。全文文辞简约，内涵深刻，影响深远，主要概括总结了先秦儒家的道德修养理论，以及关于道德修养的基本原则和方法，对儒家政治哲学也有系统的论述，对做人、处事、治国等有深刻的启迪性。北宋程颢、程颐等人都极为推崇此书，后来，便成为学校官定的教科书和科举考试的必读书，对中国古代的教育产生了极为深远的影响。

在封建社会，《大学》曾一度被列为“四书”之首，是儒学的入门读物。它对于汉儒的思想有直接的启发。特别是到宋代理学勃兴后，借助科举的力量，又使它发挥了极大的作用，宋以后几乎每一个读书人都受到《大学》的影响。它提出的“诚意正心”是必备的科研心态、“格物致知”是认知的唯一途径、“止于至善”是追求臻美境界、“日日新”是强烈的创新意识。另外，其内容充满着主观唯心主义的哲学思想，但却有重要的朴素唯物主义哲学思想的论述，如提出的“物有本末，事有终始”，认知到事物发展的先和后；提出的“治本”，认知到治国的规律，对后来的唯物主义的发展也产生了极为重要的影响。最为关键的是，《大学》一书虽字数不多，却强调了学习者要提升自身修养的要求，还强调了对社会的关心和参与精神，对形成良好的社会风气与促进社会发展都具有积极意义。《大学》所提出的“修、齐、治、平”思想，几乎成为读书人的唯一标准理想。这种思想主张积极入世，注重自身修养，关心人民疾苦，努力改善民生，维护社会安定，拥护统一，对社会的繁荣稳定发挥了重要作用。

本书按照常见的版本对《大学》原文进行了重现，又加上注释词条、翻译原文、对原文思想进行解读引申等内容。在解读原文思想之时，本书尽量联系儒、道、释等主流思想和社会现实，消除其中的消极陈腐观点，褒扬积极向上、有益人身心发展的思想，既传承了古人的人生智慧，又使读者能够得到启发，从中受益，可谓是难得的一本国学读本。

# 目　录

# 第一章 大学之道

本章在整本书中起着提纲挈领的作用，其中心可概括为“修己以安百姓”，并以三纲领“明明德、亲民、止于至善”和八条目“格物、致知、诚意、正心、修身、齐家、治国、平天下”为主题，反映了儒家思想的核心所在。

三纲八条目是儒家人生观的进一步扩展。这种人生观要求注重个人的修养，怀抱积极的奋斗目标，这一修养和要求是以儒家的道德观为主要内涵。三纲八目是有阶级性的，“明德”、“至善”都是封建主义对君主的政治要求与伦理标准；“格物”、“致和”等八条目是在修养问题上要求与三纲领中的政治理念和伦理思想相结合。

## 原文

大学之道①，在明明德②，在亲民③，在止于至善。

知止④而后有定，定而后能静，静而后能安，安而后能虑，虑而后能得。物有本末，事有终始。知所先后，则近道矣。

## 注释

①大学之道：大学的宗旨。这里的“大学”与今义有所不同，在古代，

“大学”一词一方面是指“博学”的意思，另一方面是指相对于小学而言的“大入之学”。古人八岁入小学，学习“洒扫应对进退、礼乐射御书数”等文化基础知识和礼仪规范；十五岁入大学，学习伦理、政治、哲学等“穷理正心，修己治人”的学问。所以，后一种含义其实与前一种含义有相通之处，同样有“博学”的意思。“道”的本义是道理，引申为规律、原则等，在中国古代的哲学、政治学中，也指宇宙万物的本原、个体，一定的政治观或者思想体系等，在不同的上下文环境里有不同的意思。

②明明德：发扬光明正大的品质和德性。在这里，前一个“明”为动词，即“使彰明”，也就是发扬、弘扬的意思。后一个“明”作形容词，明德即为光明正大的品德。

③亲民：“亲”同“新”，即革新、弃旧图新。亲民，即使人弃旧图新、去恶从善。

④知止：“知”即明白、通晓的意思。止，即目标。知止，是说知道目标的所在。

## 译文

大学的宗旨在于发展弘扬光明正大的品德，在于使人弃旧革新，在于使人身心达到完美的至高境界。

通晓应达到的境界才能够志向坚定，志向坚定才能够静而不躁，静而不躁才能够安心定性，安心定性才能够思虑周详，思虑周详才能够有所收获。每样东西都有本源、有末枝，每件事情都有开始、有终结。明白事物本末、终始的先后次序，也就能接近事物发展的规律了。

## 经典解读

作为《大学》的开篇之作，本段指出了《大学》的根本宗旨，即发扬正德、弃旧革新，最终使人达到完美的至高境界。人也只有在达到这个境界的基础上才能坚定心志，通晓大道，有所大作为。

在曾子看来，万事万物都是有一定的规律的，即我们通常所说的“大道”。自然生人，人也不过是其中的一物而已。既然产生了人与人类社会，而事亦随之而始而起。事小则可见之于人自身的诚伪直曲，中正偏私。事大可发之于一家的敦睦间疏，一国的兴衰更替，以及普天下的和平与战争。无论事大事小，事微事繁，有开始必然有终结，有什么样的因必然会结什么样的果，有缘起则必有缘灭。这是自然万物的恒定法则。所以，要研究物象必定要通晓物象的本源与枝末。要通达事理，就必定要明白事理的先后得失。追本求源和目的，就在于尽万物之性。通达事理的目的，在于尽人之性。能通物性，能尽人性，那就离无极真道不远了。

**哲理引申**

## 内在的“德”决定外在的“得”

在曾子看来，大学的宗旨在于弘扬厚重的德行，在于弃旧革新，最终使人达到完美的境界，这样才能有所“得”。在这里，曾子其实是告诫我们，一个人的外在的“得”取决于其内在的“德”。

对此，孔子也有类似的观点。《论语》中有这样一段对话：即：“子禽问子贡曰：‘夫子至于是邦也，必闻其政，求之与，抑与之与？’子贡曰：‘夫子温、良、恭、俭、让以得之。夫子之求之也，其诸异乎人之求之与？’”这段子禽问子贡的对话勾勒出了孔子的为人处世品格，指出了孔子之所以受到各国统治者的礼遇和器重，就在于孔子具有温和、善良、恭敬、俭朴、谦让的道德品格。大意为：“我们的先生到了一个国家，总是听闻这个国家的政事。这是他自己求得的呢，还是人家主动提供的呢？”子贡说：“先生温顺、善良、恭敬、俭朴、谦让，所以才得到这样的资格。即便算是求得的，也与别人的求法不同。”这句话也告诉我们，一个人是否受到尊重，不是由别人来决定的，主要在于其内在的修养。也就是说，一个人要想得到什么，往往不在于他争取得有多么努力，多么拼命，而在于他的德行是否配得上得到，他是否能够以“德”载

“得”。老子在《道德经》中说，上善若水，水善万物而不争，夫唯不争，天下莫能与之争。孔子就深深地明白了这个道理，他修身治学，自己的品德学问都达到极高的境界，所以即使不去了解什么，那些统治者们也愿意将政事告诉他，来咨询他的教导。所以说，一个人无论干什么，求什么，都要以德为根本，求之于内，然后得之于外。

有位哲人曾说：“世界上有两种东西最能震撼人们的心灵——内心里崇高的美德，头顶上灿烂的星空。”内心里崇高的美德，让人在前进的道路上不会迷失方向，让人在生活的逆境中坚守信念；灿烂的星空让人在黑夜中看到光明，让人心中燃起希望。没有了星空，我们会失去太多的想象，失去太多的梦想；没有了美德，我们则会失去立身之本，失去在社会上存在的能力。

一位先生有一群学生，学生们都很好学，但因为大多都是富家官宦子弟，个个都比较好强，经常提问些如何做大官、如何取厚禄的问题。每次面对询问，先生都笑而不语，告诉学生们安心读书，好好学习，学生们很不理解，问：“先生，您教我们读书，难道不是为了让我们过得更好，拥有更多的钱财、得到更高的官位吗？为何每日只教些仁义道德的空话，不教我们做官、求财的实用知识呢？”先生听了学生的话，皱皱眉头，对他们说：“好吧，明天我就教你们求官、求财的学问。”

第二天，学生们早早地来到书院，看到院子中摆满了大大小小的篮子，他们被告知，今日要去果林中摘果子。学生们都很疑惑，平时先生要求严格，每日要求他们诵诗读经，昨天说好了要教升官发财的学问的，为何要去摘果子呢？但整日学习，出去放松一下也不错，于是学生们拿起篮子来到果园中。

先生早已在那儿等候多时了，看到学生们到来后，他说：“今天摘果子并不是为了娱乐放松，而是一场测试，看看你们谁更有能力。你们可以去摘果子了，尽量在正午前摘到最多的果子。”

园子中的果子很多，学生们的篮子很快就摘满了，还未到正午就回到了先生身边。先生指着一个篮子最大的学生说："现在你们看到谁最会摘果子了吗?"其他学生纷纷抱怨说："先生，他摘得多并不是因为能力，而是因为篮子大而已。"先生笑着说："是啊，就是因为篮子大，所以我才说他最会摘果子。"

看到学生们都不理解，先生接着说："你们平时常常问如何做官，如何发财，其实这和摘果子是一个道理，摘果子摘多少，不在于摘得有多快，有多好，而在于他的篮子有多大。一个人能做多大官、能发多大财，往往也不在于他做官、发财多么有窍门，而是在于他能承受多大的官，多大的财。我平时教你们的仁义道德，就是这个篮子啊！只有人生的篮子大了，你才能走得更高、拥有更多!"学生们这时才恍然大悟，原来先生每日教他们的仁义道德的学问，就是一切升官、发财学问的根本，没有"德"哪来的"得"，于是，他们从此跟着先生学知识，修德行，最后都成了有作为的人。

一个人所具有的美德决定着他能站在多高的颁奖台上；一个人所具有的美德决定着他一生能走多远，飞多高；一个人所具有的美德决定着他一生成败的心灵力量。我们在生活中都希望多"得"，却不知道"得"并不是由别人给你的，而是由你自己的"德"来决定的。只有有德的人，才能充分发挥他的才能；只有有德的人，才能成为组织中的正能量；只有有德的人，才能与他人和谐相处，成功地融入集体之中。"德"与"得"是相辅相成、息息相关的。人生中，对"德"的修炼，就是对"得"的获取。小德小得，大德大得。如果说人生就是一座大楼的话，那么"德"便是这大楼的地基，"得"便是大楼的高度，"德"是否牢固注定"得"能达到的极限。如果"德"不稳，而盲目地追求"得"，只能导致大楼的早早崩溃。

## 高尚的品质恒久如一，永不褪色

古人重视修身养德，经常把伦理道德和做人、做学问紧密结合在一起，荀子作为一名大教育家，将道德修养和治学有机结合起来，甚至达到了水乳交融的地步。在他看来治学要以立德为先，学习就是为了陶冶心灵、涵养德性。他在《修身》篇中曾这样阐述对君子的要求："君子贫穷而志广，富贵而体恭，安燕而血气不惰，劳倦而容貌不枯，怒不过夺，喜不过予。君子贫穷而志广，隆仁也；富贵而体恭，杀势也；安燕而血气不惰，柬理也；劳倦而容貌不枯，好交也；怒不过夺，喜不过予，是法胜私也。"其意是君子在穷困时志向远大，富贵时恭谨待人，安逸时不懈怠，疲倦时容貌不枯朽，恼火时不失分寸，高兴时也不过度兴奋。

荀子认为真正的君子应该始终保持美好的品性，不因穷达而改变，不因喜悲而失态，高尚的品质恒久如一，永不褪色，如此才能称得上是有道德有修养的人。人常道人穷志不短，富贵不能淫，贫贱不能移，我们不能因为一时的穷困而失去了志向，也不能因为一时的富贵显赫而变得骄奢蛮横，生活困顿不坠青云之志，富贵显达时依然能平易近人，不改做人本色，这样才算得上有君子之德。荀子认为一个人是否善于控制自己的情绪也是衡量其素养的一个关键指标，喜怒之际表现得都不过火，对自己的情绪有所克制，任何时候都保持谦谦君子之风，才算得上是有涵养，有品德。

当今时代，综合素质越来越受到重视，其中道德素质和知识文化水平、职业技能水平被并列为三项最不可或缺的内容，而人品向来被看作比其他素养更重要的因素。荀子把培养美德当成为学的终极目标，在今天看来，依旧是非常符合社会潮流的。他提出的不因穷达、悲喜而改变的恒久美德，同样适用于当下的环境。

有两位白手起家的企业家，两个人的人生轨迹有着诸多的类似之处，名望地位以及企业的规模也大致相同，广大投资者在进行入股投资时难免会将两人反复比较，然后才做出最后的判断。经过一番调查，投资者发现两位企业家虽然有着很多相似的经历，但他们却是截然不同的两种人，于是人品就成了大家重点考察的一项内容。

第一位企业家出身贫苦，曾一度因为自己家境不好而自怨自艾，生活潦倒时常常一个人喝酒买醉，年纪轻轻就丧失了志向。他最讨厌别人在自己面前妄谈理想，如果有人引用陈胜的“燕雀安知鸿鹄之志”，他就反唇相讥道：“如果你真是鸿鹄，那么拥有鸿鹄之志也没有什么不对，但如果你生在燕雀窝里，就是一只十足的燕雀，却张口闭口地谈论鸿鹄之志，岂不让人笑话?”人们听了这番话，只好自讨没趣地离开了。

后来，第一位企业家和朋友合伙开了一家公司，最初他也只是想定期获得一点收益而已，并没打算把公司做强做大，两年后因为市场形势大好，公司的业绩迅速蹿升，这位企业家从一个名不见经传的私企老板瞬间变成了商界名流。身份的突然转变，让他既狂喜又不适应，财大气粗以后他变得日益傲慢起来，对员工颐指气使，动辄大发脾气，对和自己同甘共苦的合伙人也越来越不客气，常常因为一点小事吵得面红耳赤，搞得公司上下怨声沸腾。

第二位企业家同样出身贫寒，在功成名就之前他也有过一段艰辛的岁月，可是无论生活多么艰难，他始终不曾改变自己的志向，他发誓要做出一番成就，并立志成为一个有道德、有涵养的儒商。创业之初他没有太多资金，于是便和朋友合伙开办了一家小公司，几个人同舟共济经历了一段非常难忘的奋斗岁月。因为市场前景看好，公司的产品一度旺销，公司积累了巨额利润，这位企业家也成为了备受瞩目的商界名人。

面对成功，第二位企业家始终不改本色，他性情温和，成为商界名流之后，对待别人还是那么谦和，而且从来不因为自己地位高，就对他人乱发脾气，因此无论是在业界还是公司内部，他都具有良好的口碑。

投资者经过比较之后，觉得还是把资金投放到第二位企业家那里比较放心，果然一年之后，第一位企业家公司里的人才大多跳槽了，合伙人也纷纷弃他而去，公司的效益不断下滑，几乎快要破产，而第二位企业家公司里人才济济，合伙人也乐于密切配合他的工作，公司上下都十分和气，大家同心协力一起为公司更加辉煌的明天奋斗，公司的效益越来越好，投资人也获得了丰厚的回报。

人格魅力在任何一个时代都能成为一种资本，有道德、有修养、品性高尚的人，无论身在何方都会受到别人的尊敬和爱戴，他们能始终如一坚守自己的本性，不因穷困而气馁，不因富贵而骄纵，不因盛怒而苛责于人，这样的人必定有着良好的声誉和广泛的人缘，所以往往更容易取得成功。

## 无道之德，如无根之水

《大学》开篇便向我们阐明了“立德”的重要性。在曾子看来，至善立德是人毕生应该追求的终极目标。但是真正的大德行应该是向善的，应该是遵从世间道义的。正如老子所说的：“孔德之容，惟道是从，道之为物，惟恍惟惚。”在这里，老子认为真正的大德都是依从于道的，而不是那种生搬硬套的仁义，对世间万物“妄为”的干扰。

“孔德之容，惟道是从”，“德”是由“道”衍生而出的，只有符合于“道”的“德”，才能称为“德”，只有符合于“道”的行为，才能称为“有德”，可惜很多人不明白这个道理，教条地成为错误的守卫者、牺牲者，至死都以为自己是有德的。

中学语文课本中有一篇《自然之道》的文章，几位旅行者到南太平洋的加拉巴哥岛去旅行，顺便观察海岛上的海龟离巢进入大海的活动。当他们看到最先出现的小海龟，惨遭食肉海鸟啄食后心中产生了怜悯之心，于是帮助这些小海龟进入了大海。可是接下来出现的一幕却惊呆了所有的人，无数的小海龟从藏身的沙滩中涌出来，向大海爬去，等在周围的鸟类一拥而下，失去庇护的小海龟惨遭杀戮。

原来，最开始出现的那些小海龟是“侦察兵”，外面危险的话它们就会返回巢穴，从而警告海龟群：还未到可以全面下海的时机。但因为旅游者的怜悯之心，使海龟群得到了错误的信号，以为外面的危险都不存在了。这样他们本想做好事，帮助小海龟，却造成了一个愚蠢的后果，导致许多小海龟丧生。

真正的“德”是依从和符合大“道”的，而不是仅指人的“仁义”之心。无道之德，如无根之水，即便是你怀有“忠”、“勇”、“仁”、“义”之心，但也算不上是真正的“德”。

商朝末年，帝辛无道，骄奢淫逸，残害百姓，国中很多大臣见到国君如此，纷纷逃亡，就连帝辛的哥哥微子都逃奔到了周。而有一对父子却对纣王忠心耿耿，就是飞廉、恶来二人。据记载，他们两人都具有勇力、行动敏捷。在商朝未败时他们侍奉纣王，在商朝败亡时恶来力战而死，飞廉当时不在朝歌，当他听闻了纣王已死的消息后痛不欲生，自杀殉国。据记载，当时飞廉在北方为纣王立坛于霍太山，得一石棺，棺上铭文：帝令处父不于殷乱，赐尔石棺以华氏。飞廉遂触棺而死。

飞廉、恶来对于商朝可以说称得上忠心耿耿了，但即使提倡忠君思想的儒家，也将他们看成是乱臣贼子，这是为什么呢？就是因为，他们虽然符合于“忠”的道德，却不符合“道”。

这两个故事看似无关，却都说明一个道理，就是“德”应该顺从于“道”，这样才能称为德，否则讲“道德”就会成为无根之水。旅行者违背了大自然的规律，来纵容怜悯之心，造就了一场小海龟的灾难；飞廉、恶来违背了“国以民为本”之道，将忠诚奉献给一个暴君，最终留下了千古骂名。

世界就是这样的，它有自己的规律——即“道”，很多人类却不能认识到这一点，他们从“仁义礼智”出发，总是想根据自己的意志来创造一个所谓的圣人之国，但结果往往事与愿违，反而给世界、给自己造成伤害。所以说，“德”一定要先符合“道”，即自然规律才能施行，不知“道”，一味地讲“德”就会变成乱德、害德。

这对现实生活中的我们也有着极大的启示。生活中，我们经常冠以“爱”之名去束缚孩子的自由、选择或天性，以“爱”之名去猜忌爱人，束缚其身心自由，给对方带来痛苦、烦恼等，都是无道之“德”，我们要学会弃之。

## 静能生定，定能生慧

《大学》开篇的“知止而后有定，定而后能静，静而后能安，安而后能虑，虑而后能得”告诉我们“静、定、安”的重要性。在曾子看来，人只有通晓和明白了自己的人生目标后，方能坚定志向，然后才能不焦虑、不浮躁，随即方能安心定性，接下来才能思虑周全，最终才能有所获得，做出大成就。

“定而后能静，静而后能安，安而后能虑”，这里的“定”是指人的思维定力，是指一个人无论遇到什么事情，都能宠辱不乱，波澜不惊，随机应变，应对自如，自然生慧。而“静”是指人的心灵的清静。一颗清静的心，自然能够容纳万物，清化污浊，博大而深沉，豁达而明朗。“安”是指稳定与沉着的内在世界。在曾子看来，一个人只有拥有安定沉稳的内在世界，才能生慧，才能做出大成就。安定沉稳的内在包括对个人情绪极强的掌控力，对外界境况极强的应变能力，当然这些也是今天我们用来判断一个人是否成熟的重要标志。

司马懿，三国时期杰出政治家，公元 234 年，司马懿与诸葛亮对阵五丈原，诸葛亮数次挑战，司马懿均坚持不出战，以待其变。

诸葛亮便派人给司马懿送来“巾帼妇人之饰”，欲激司马懿出战。但当时的司马懿面对嘲笑甚至谩骂，仍旧按兵不动，最后守住了关隘，拖垮了蜀军，诸葛亮最后病死在五丈原。

在面对诸葛亮军队的嘲讽和谩骂，司马懿并没有怒火中烧，丧失自我，而是冷静对待挑衅，最终守住了关隘。可以说，稳定的内在情绪是一个人成就大事的基础。

另外，在外界环境突变或遇到始料未及的事情时，也是考验一个人内在定力的关键所在。在面对突发情况的时候，一个人也只有沉着冷静，时刻保持清醒的头脑，这样才不会影响自身的正确思维，才能及时对客观事物做出准确的分析和判断，才能真正有所得。

古时有一个商人，在外苦心经营多年，终于攒下了一大笔财富。于是准备结束半生的漂泊，告老还乡与妻儿团聚，置田购房，安度晚年。

当时的社会比较动荡，路上常有劫匪。商人身着一件旧布衣衫，一双平底布鞋，扮作一个风餐露宿的行路人。他把所有的钱都买了玉器，有道是黄金有价玉无价。还为此特制了一把油纸伞，将粗大的竹柄关节全部打通，把珠宝玉器全部放入。身藏万贯家私，却貌似贫寒之士，他就这样轻轻松松地上路了。

果然好计谋！行路多日，无人打扰。这天中午到了唐家寺，天下起小雨。他来到了一个小面馆，要了一碗香喷喷的面。吃饱之后，不觉倦意难耐，外面又下着小雨，他不觉双手撑腮，打了一个盹。

一阵清凉的风吹醒了商人，天已黑了。揉揉眼，猛然间却发现油纸伞不见了踪迹，一阵冷汗冒了出来——这把伞可是他的身家性命。

但商人不露声色，沉着冷静。仔细分析着有可能遭遇到的情况：他看到自己手里的小包袱完好无损，就大概能断定并没有人专门行窃。一定是有人只顾方便，顺手牵羊取走了自己的雨伞。

沉吟片刻，商人有了主意。他叫来掌柜的，说自己看中了这个小镇，请帮忙租个房子。

掌柜的帮他在交通要道上租了个小房子。商人说，自己也不会什么别的技能，只能修个伞。于是，一间极小的修伞店在路边打起了招牌。

他待人和气，心灵手巧，颇有人缘，人们都愿把伞拿到他那里去修理。谁也不知道这个小小的手艺人其实是腰缠万贯的富商，谁也不知道他每天谦和的笑脸背后掩藏着一颗紧张焦灼的心。他每时每刻都在等待着那把油纸伞的出现，经过他手的伞成千上万，却唯独没有他要的那一把。

一天，他接了一把破旧的伞，主人漫不经心地说："一把破伞值不了几个钱，反倒要花不少钱去修，太费事就算了。"

言者无意，听者有心。一句不经意的话启发了商人：自己的那把油纸伞也恐怕破得不能再修了……于是，商人又想了一个好办法。

第二天，过往的行人看到一条新鲜的广告：油纸雨伞以旧换新。人们纷纷询问，得到肯定的答复后，消息立刻传开了。

不久，来了一个中年人，腋下夹着一把油纸伞，恰是商人心系的那把。

可此时商人仍然不动声色地收下了破雨伞，犀利的目光一扫，就看到伞柄处完好无损。

他转身在店里挑了一把最好的雨伞递给来者，然后徐徐关了店门。

打开伞柄，商人看到了他的全部玉器，他竟瘫坐在地上，半日无语。

第二天，修伞店很晚还没有开门。一打听，才知已是人去屋空。

商人悄悄地来到这里，又悄悄地走了。再以后，这个故事流传开来，当地人恍然大悟，纷纷赞叹着商人的沉着、冷静和睿智。

成大事者，必须具备在任何情况下都能够沉着冷静、坦然面对的特质，就像孟子所言："夫勇者，骤然临之而不惊，无故加之而不怨。"否则只能自乱阵脚，甚至火上浇油。

遇到危险，沉着应对可化险为夷；面对意外，冷静处理能够转危为安。很多时候，沉着、冷静的心态是脱离险境、减小损失的最佳选择。同时，镇定不慌也是一种修养，一种智慧。智者的坚定不过是把焦虑深藏于心的艺术。

## 人的豁达源于对规律的了然

人内在的豁达源于对自然、人生之道的了然。正如曾子所说："物有本末，事有终始。知所先后，则近道矣。"这里的"道"多指自然或事物的发展规律，与老子所谓的"道"是相通的。其实，老子也有近乎相同的观点。《道德经·第十六章》中讲道："万物并作，吾以观其复。夫物芸芸，各复归其根。归根曰静，静曰复命。复命曰常，知常曰明。不知常，妄作凶。知常容，容乃公，公乃全，全乃天，天乃道，道乃久，没身不殆。"大意为：万物都一齐蓬勃生长，我从而考察其循环往复的道理。那万物纷纷芸芸，最终都将各自返回它们的本根。返回到本根就达到了清静安宁，它们在清静安宁中又复归于生命。（循环）复归于生命就是自然的永恒规律，认识了这种永恒的自然规律就聪明，不认识这种自然规律而轻妄举止，就会导致灾凶。认识自然规律的人是包容博大的，包容博大就会坦然公正，坦然公正就能周备齐全，周备齐全才能符合自然的"道"，符合自然的道才能长生长存，终身不会遭到危险。这段话向我们阐述了一个道理，万事万物都有其规律，认识了这种永恒规律的人是聪明的，是包容和豁达的。也就是说，一个人要想拥有豁达的心胸，包容通达的智慧，就要看通自然真理、人生真谛，这样才能平和地面对生活中的一切。这与我们平时所说的"看得透想得开"是同样的道理。

对于当下的我们来说，要变得豁达，就要看得通生与死的自然规律，看透人生真谛等。生死问题从来都是人生永恒的话题。很多人都会在生的时候畏惧着死，将死的时候惦念着生，这是我们凡夫俗子的最大心病。关于此，老子说："物壮则老，老则不道。"是指一个东西壮大到极点，自然要衰老，老了表示生命要结束，而预示另一个新的生命就要开始了。用通俗的话来说，真正的生命不在于现象上的生死，而在于灵魂和精神上的存在意义。所以，我们要看通生死，将生死看成一个自然的过程，一切顺应自然，不苛求，重生乐生，这样才能变得豁达，不会被后天的感情所扰乱了。

另外，关于人生真谛的问题，也是多数人所困惑的问题。其实，生命的真谛在于过程，一个人从婴儿呱呱坠地开始，生命就直指着终点——死亡，不会回头，毫无例外。终点毫无意义，而关键在生的期间，我们要赋予它怎样的内容。就如老子所说："夫物芸芸，各复归其根……复命曰常，知常曰明。"就宇宙而言，从一无所有的朦胧状态变为有形有象的明晰世界，又由有形有象的明晰世界回归到无形无象的朦胧状态；在有形有象的明晰世界中，由一种东西变成另一种东西，又由另一种东西变成了第三种东西。如此而已，永无止境。而人生只不过是这一大流变中的一个瞬间。人生人死只是一种物的转化，故生不足喜，死不足悲。同时，生命的乐趣也绝不在于不断地奔跑，而在于享受多彩的过程。每天清晨出来呼吸一下新鲜的空气，给自己泡一杯清茶，听一曲优美的曲子，抑或是在休息的时候给朋友送去自己亲手做的糕点，或者是陪着父母一同坐在电视机前说一些琐碎的家常，等等，这些过程都让生命变得精彩而有意义。所以，生活中，我们切勿太过注重结果，而忘记了享受过程的精彩。

## 原文

古之欲明明德于天下者，先治其国；欲治其国者，先齐其家[①]；欲齐其家者，先修其身[②]；欲修其身者，先正其心；欲正其心者，先诚其意；欲诚其意者，先致其知[③]。致知在格物[④]。物格而后知至，知至而后意诚，意诚而后心正，心正而后身修，身修而后家齐，家齐而后国治，国治而后天下平。

自天子以至于庶人[⑤]，壹是[⑥]皆以修身为本[⑦]。其本乱，而末[⑧]治者否矣。其所厚者薄[⑨]，而其所薄者厚[⑩]，未之有也[⑪]。

## 注释

①齐其家：治理或管理好自己的家族或家庭，使家族成员间和睦相处，家庭蒸蒸日上，兴旺发达。

②修其身：修炼自身的品性。

③致其知：使自己获取知识。

④格物：认识、研究万事万物。

⑤庶人：指平民百姓。

⑥壹是：都是。

⑦本：根本。

⑧末：相对于本而言，指枝末、枝节。

⑨厚者薄：该重视的不重视。

⑩薄者厚：不该重视的却加以重视。

⑪未之有也：即指“未有之也”，意为没有这样的道理（事情或做法等）。

## 译文

古时那些想弘扬光明正大德行的人，先要治理好自己的国家；要想治理好自己的国家，先要管理好自己的家族或家庭；要想管理好自己的家族或家庭，先要修养自身的品性；要想修养自身的品性，先要端正自己的心思；要想端正自己的心思，先要使自己的意念真诚；要想使自己的意念真诚，先要用知识充实自己；用知识充实自己的途径在于认识和研究万事万物。通过对万事万物的认识、研究后才能获取知识；获取知识后意念才能真诚；意念真诚后心思方能端正；心思端正后才能提升自我的品性；提升自我品性后才能管理好家族或家庭；管理好家族或家庭后才能治理好国家；治理好国家后天下才能太平。

上自国家元首，下至平民百姓，人人都要以修炼品性为根本。如果这个根本被扰乱了，那要治理好家庭、国家、天下是不可能的。不分轻重缓急，本末倒置却想做好事情，这同样也是不可能的！

**经典解读**

本段所阐述的，是儒学三纲八目的内容，也是儒家学者穷其一生的至高追求。三纲八目中的“三纲”主指明德、新民、止于至善。它既是《大学》的宗旨，也是儒家学者“垂世立教”的目标所在。所谓“八目”，具体指格物、致知、诚意、正心、修身、齐家、治国、平天下。它既是为达到“三纲”而设计的条目功夫，也是儒学为我们所指引的人生进修阶梯。

纵览四书五经，就会发现，关于儒家的全部学说皆是以这“三纲八目”展开的。所以，抓住这三纲八目就等于抓住了一把打开儒学大门的钥匙。我们如果循着这一人生进修阶梯一步步修行，便能登堂入室，领略儒学经典的奥义。就儒家进修阶梯本身而言，实际上包括“内修”和“外治”两大方面：前面四级“格物、致知、诚意、正心”便是“内修”；后面三级“齐家、治国、平天下”是“外治”。而其中间的“修身”一环，则是连接“内修”和“外治”两方面的枢纽，它与前面的“内修”内容连在一起，是“独善其身”，它与后面的“外治”内容联系在一起，便是“兼善天下”。儒家学说代表孟子将此学说加以总结，便有了“穷则独善其身，达则兼善天下”的准则。这在两千多年的社会发展进程中，影响了一代又一代的中国知识分子，塑造了中国知识分子的人格心理，时至今日，它仍旧在我们身上潜移默化地发挥着作用。无论你是否意识明确，无论你是积极还是消极，“格、致、诚、正、修、齐、治、平”的观念总是或隐或现地影响着你的思想，左右着你的行动，使你最终发现，自己的人生历程不过是在这儒学的进修阶梯上或近或远地展开。事实上，作为中国知识分子，又有几人是真正出道入佛的闲云野鹤、隐士高人呢？说到底，究竟是十人九儒，如此而已。

**哲理引申**

## 修身是人生第一要务

曾子强调“修身、齐家、治国、平天下”是一脉相承、循序渐进的一个过程。就是说，一个人只有先“修身”才能做好后面的事情。因此可以认为，“修身”是人生第一要务，从提高个人修为这个基础出发，我们才能做好其他事情，实现远大的理想和抱负。

反之，一个人若总是自命不凡、好高骛远，不从修身立己做起，己身不正，却想正人，以“刑不上士大夫”的特权思想自居，那么终将会一事无成。

的确，“修身立德”对于一个人来说实在是极为重要的，可以说，它是人生的第一要务，其理由如下：

修身即为人立身之本，即做事先做人，“修身”是不断满足人生存、享受和发展三大需要的前提和基石。如果把干事业比作是盖大楼的话，那么，修身立德就是打地基，楼要想盖得越高，基础就必须打得越深、越牢。

另外，修身立德也是治国之本。历朝历代、任何国家都需要用道德来规范和约束人们的行为，以利于国家的统一、团结、发展和强大。同样，社会的文明与和谐，一点儿也离不开人人修养与道德的支撑。

修身也是个人追求幸福、美好，实现人生价值之本。它可以保证人生向正确的方向发展并取得成功，为个人成才提供发展动力。知识、技能可以学习，而一个人一旦丧失了公德心，甚至道德出现了问题，从而走向不文明甚至违法犯罪之路，那将会受人鄙夷，甚至会失去自由、失去朋友、家庭乃至一切希望，所以，修身是一个人的立身之本，也是一个人赖以生存的社会基础。

晏婴，即历史上的晏子，历经齐国三朝，辅政长达 54 年。晏子身材矮小，其貌不扬，但却聪明过人，能言善辩，而最为后世称道的，是他的高尚的品德。

晏子辅政，屡谏齐王对内薄赋轻刑，对外睦邻友好。晏子为人廉洁无私，生活俭朴，虚怀若谷，乐观豁达。晏子位至卿大夫，食田七十万。他的结发妻子已经成了颤巍巍的老妇人，满脸皱纹，一头白发，穿着粗布衣服。但晏子仍旧不曾嫌弃过她，与妻子依旧相敬如宾，相互恩爱。

齐景公看到晏子数十年如一日，为齐国的内政和外交做出了巨大贡献，对晏子既赏识又敬重，想把自己的一个女儿嫁给他。于是景公就找了个借口，到晏子家中去喝酒。景公看到晏子的妻子就问道：“这就是你的妻子吗?”晏子说：“是的。”景公说：“啊！这么老这么丑啊！我有一个女儿，既年轻漂亮，就让她嫁给先生侍候你起居吧。”

晏子离席，恭敬地回答说：“我的妻子现在确实是又老又丑，但是我也见过她年轻漂亮时候的样子啊！我与她在一起生活了几十年，从她年轻漂亮的时候，直到变得又老又丑。她将终身托付于我，而我也接受了她的托付。君王想把女儿赐婚给我，但我怎么可以辜负我妻子的托付呢?”晏子拜了又拜，辞谢了君王的恩赐。

晏子婉拒君王赐婚，不让糟糠之妻下堂，表现出君子风范，为千古美谈。正是他的一身正气，才为齐国的外交立下了汗马功劳。

一个人的内在“修养”往往决定着其外在的成就。正所谓“做事先做人”说的就是这个道理。

那么，在生活中什么是有修养的表现呢？具体可以用四句话来表达：一是根植于内心的文明习惯，二是无须提醒的自觉；三是以约束为前提的自由；四是为别人着想的善良。但是在现实生活中，多数人都极难做到这一点。一辆公交车上曾张贴这样的标语以提醒乘客：吐谈请向外吐，提高个人素质。看后使人不禁发笑，却又发人深省。其实，在日常生活中，不文明的现象时有发生。我们经常会看到公众场合的各种温馨提示。诸如公厕里张贴的：来也匆匆，去也冲冲；会议室里张贴的：请保持会场肃静，手机请调无声状态；展览馆里张贴的：请不要大声喧哗和拍照；公园草坪里张贴的：请你脚下留情……尽管如此，但熟视无睹者众，自认为个人小节，无伤大雅，无须拘泥，恣意而为，显得十分“洒脱”，全然忘记小节是个人修养的具体表现，忽视了个人修为的粗俗低下会给他人、给社会带来不良的影响。修养是一种圆润而不腻耳的旋律，一种不需要对别人察言观色的从容，一种无须提醒的自觉，是和谐社会的基础。

曾国藩说：“立德必须修身。”这里最为重要的一点在于懂得感恩，学会“孝”。孔子说：“夫孝，德之本矣”。意思是说“孝”是立德和做人的根本，也是中华民族文化之魂。

结合当今现实，修身立德就是树立社会主义核心价值观、正确的世界观和人生观。千里之行始于足下，万丈高楼始于垒土。我们必须一点一滴地去“积德”，从“仁、义、礼、信”做起。当前，道德失范的一个最为突出的表现是诚信的缺失、造假成风，这已经成为危及我们正常生活的一大“公害”。

那么，要修身立德，在生活中具体要从哪些方面做起呢？曾国藩曾主张人人应继承中国千百年来的修身文化，借鉴其中的修身方法，提高自身的道德修养。古人以“内省”、“自讼”、“慎独”来约束自我，今人可以加以借鉴。尤其是要学会“自省”，常思己之过，别总把错误推给他人，同时要谨言慎行，要善于解剖自我，有了错误要及时改正。修身立德的目的在于做人，注重修养、善于悔过自新。即做一个有道德的人，一个文明的人，一个有高尚追求的人，一个从善向上有益于大众的人。

修身立德的另一个重要途径，就是懂得换位思考，将心比心，改变看待问题的“参照物”，唤起自己的责任心和处处为他人着想的美德。

## 为人治事当以“立德”为先

中华民族是重视德育的民族。从古至今，世人都将“立德”视为人生第一要务，将“德”视为人的立身之本，将以“立德”为先作为为人处世的第一信条。“德”是做人的根本，是一个人成长的根基，同时，它也是一个人的精神，一个人的灵魂。一个没有“德”的人，生命就没有了意义，一个人拥有了“德”，人生就绚烂、精彩。

在汉语中，“德”指品德、美德、修养，即自我完善或恩德、恩惠，与人为善等。自古以来，中华民族就是一个重视“德”的民族。《左传》有言：“太上（最高）有立德，其次有立功，其次有立言。”

中华文明数千年，极为重视“立德”。“立德”为我国古代所谓“三不朽”之一。只有不断加强修身立德的人，才能开启无穷的智慧，照亮我们的心房，推开封锁在心里的窗户，孕育纯洁的心灵，从而获得别人的信任。

一个富商出国旅游，在办理出国手续时，只差一个印章就完成了。可是就在此时，出现了一个小小的插曲，让人看后颇有意味。正当他伸手摸钱包时，一毛钱硬币掉了出来，富商并不在乎这一毛钱，因为对他来说，一毛钱根本就没有什么用，便把它踢到了一边，而富商所做的这一切正被办手续的人看在眼里，于是，她拒绝了为他办理手续。

富商感到很奇怪，她说：“国徽代表的是一个国家，硬币上有你们国家的国徽，你连自己的国徽都不爱惜，出国还能爱惜什么呢？连爱国的品德都没有的人，不仅是一个‘废品’，更是一个对社会有害的‘危险品’。”富商听了，羞愧难当。

“德”是做人的根本，是一个人成长的根基，同时，它也是一个人的精神，一个人的灵魂。一个没有灵魂的人就无生命可言。他心中就只有仇恨，生活从此而改变。相反，一个人如果拥有了“德”，就拥有了一切，关爱、爱心、温暖……生活也因此而更加完美。人生就如同一颗宝石，如果用“德”镶边，就会更加灿烂夺目，光彩耀人，赢得众人的尊重，其人格光芒四射，充满迷人的魅力，显得异常高大。如：

“二战”时期，德国有位商人名叫辛德勒，他以开工厂的名义，用行贿等手段，使数千名犹太人脱离了德国法西斯的集中营，得以生存下来。

辛德勒后来破产了，甚至后半生默默无闻。但是他死后被埋进了义士墓地，每年全世界的犹太人和他们的后代都会聚集到他的墓地，去缅怀他，去向他致敬。他的名字也被后人刻在了以色列著名的义士公园的大道上，人们将永远传诵他的故事。相反，那些无德寡恩之徒则因其凶残卑劣的心，将永远被世人唾弃。如“二战”中，疯狂屠杀犹太人的德国法西斯头目希特勒，将永远被钉在历史的耻辱柱上接受拷问，遗臭万年。

“德”在人生旅途中是至关重要的。难怪康德会说：“在这个世界上，唯有两样东西深深地震撼着我们的心灵，一是我们头上灿烂的星空，一是我们内心崇高的道德。”人生就像是一只船，“德”便是船桨，只有拥有德的人，船才会有前进动力，一步步到达成功的彼岸，到达人生的最巅峰；如果一个人没有了“德”，船也就没有了前进的动力，慢慢地往后滑，越滑越快，最终回到原点，这个人的一生就没有任何意义、任何价值，彷徨一世，暗淡而平静，温饱而平庸；如果我们要想成功，就要先“立德”，拿稳这块人生的无价宝石，掌好这只船桨。

“德”是石，敲出希望之火；“德”是火，点燃希望之灯；“德”是灯，照亮人生之路；“德”是路，引导人们走向灿烂的辉煌。请记住，为人处世当以“立德”为先。

## 遇任何事都要行君子之风

君子之风是儒家为大家所提供的修身标准，但是什么是君子之风，孔子在《论语》中曾多次提及。其实《论语·学而篇》中有这样的总结性的阐述：子曰：“君子不重则不威；学则不固。主忠信。无友不如己者；过则勿惮改。”意思为，孔子说：“君子不庄重就没有威严；学习可以使人不闭塞；要以忠信为主，不要同不如自己的人交朋友；有了过错，就不要怕改正。”其实，在当时，孔子希望自己的弟子们都能成为君子，所以，从内到外地论述了君子所应具有的品行、道德。他告诉弟子做人要稳重，举止要得体，要通过学习让自己内心充实，以忠信的美德作为人生之根本，向比自己贤能的人看齐，有了过错就及时改正。

君子不仅仅是一种人生目标，更是一个人修养所应达到的标准，是人们衡量他道德好坏的尺度。君子好学而不殆，君子重义而轻利，君子贵信而守诺，君子坦荡而无私，君子宽容而大度……正是因为有了君子，一个社会才有了标杆，有了主导，有了更多的善和美。每个人在日常生活中，都应该以君子的尺度来衡量自己，让自己拥有君子之风。

生活中常常有些人显得卓尔不群，他们不需要整天保持严肃的面孔，就能够在人群中具有威严；他们不需要和别人有多深的交往，就能够得到他人的信任；他们说出的话，会让人不自主地相信；他们做出的行为，会让人不自主地去效仿；他们不一定拥有财富，却让人仰慕；他们不一定拥有权力，却让人愿意跟随；他们举止得体，进退有度，言必信，行必果，正直可亲，宽容大度。这便是君子。

“君子”是儒家修身的目标，每个人都应该通过修养自己的品德来成为一个君子，通过不断地学习、自省，让自己具有君子之风。君子之风是一种层次，它让人远离庸俗，出淤泥而不染；君子之风是一种气度，它让人宽厚宏博，能容人之所不能容；君子之风是一种品质，它让人高贵优雅，充满自信和骄傲；君子之风是一种修养，它让人谦虚、礼让、富而不骄、安贫乐道。

英国就是一个重视君子之风的国家，他们将其称为“绅士风度”。英国有句谚语：“行为美好品自高。”一个人的美不仅取决于面容之姣好，更在于他所具有的美德和风度。

1912 年，“泰坦尼克号”巨轮在航行时不慎撞上冰山，在其即将沉没的时刻，很多英国人表现出了极高的绅士风度，让后人感动不已。

当巨轮开始下沉时，船长、船员们都继续坚守在他们的岗位之上。有乘客听到爱德华·约翰·史密斯船长向人们大喊："有点英国绅士的样子，男士们，有点英国绅士的样子！"这位船长到最后也没有登上救生艇，他和他的巨轮一起沉下了冰冷的海底，带着他的使命感和他的荣耀。但在他沉着的指挥下，无数乘客，得到了逃生的机会。

盖根海姆，一位富有的先生。当面对即将到来的危险时，他毅然把自己的救生衣送给了一位女乘客，而自己则系好白领带，穿上燕尾服，"像绅士一样"从容地面对死神。尽管他的生命结束于黑暗的海底，而他那"君子之风"却长存于人世之间。

在海水大量涌入机舱时，为保持船上照明，锅炉房的工人拒绝撤退；在客轮即将沉没时，机械师在机房沉着冷静地工作，直到船底涌进的海浪把他卷走；当轮船已经开始倾斜时，那些乐队成员泰然自若地演奏着自己的曲目，直至海水把他们完全淹没；男士则放弃了逃生的机会，静静地抽着烟，看着妇女儿童先上船，体面地面对死亡……

季子守诺，挂剑而去是君子之风；子路面对死亡，从容地整理好仪容是君子之风；蔺相如为了大义，回避廉颇是君子之风；鲁仲连慷慨赴难，不求回报是君子之风……"君子之风"，存之于心，付之于行，美在其中矣！

当我们面对人生路上的苦难，面对与他人交往时的纠葛时，何不豁达一些，大度一些，宽容一些，让自己做个君子，让自己具有君子之风。这样，你会发现社会变得和谐了，他人变得友善了，生活变得充实了，自己也越来越快乐了！

## 成事的根本在于有德

无论在交际场上、商场上，还是在生活中，我们常会以"做事先做人”的训诫告诉人们，为人成事的关键在于一个人的德行。其实，关于此，在《论语》中，孔子也有类似的说法。《论语·学而篇》中有语：“子曰：‘弟子入则孝，出则弟，谨而信，泛爱众，而亲仁，行有余力，则以学文。’”大意为：孔子说：“弟子们在家里，就要孝顺父母；出门在外，就要尊重师长，言行要谨慎，要诚实可信，慎言慎行，广泛地关爱民众，亲近有仁德的人。这样躬行之后，还有余力的话，就去学习文献知识。”这段话孔子提醒弟子们先修德再为学，即先学做人，再学做事。德行是发挥才学的保障。有德才能得到社会的认可，才能在社会中发挥自己所学的知识、技能；没德，就会被所有人厌恶，连生活都成问题，有再多的文化知识又有什么用。德行是求得学识的载体。只有德行深厚才能了解那些最高深的知识，才能洞悟那些最精妙的奥秘，所以《易经》说：君子以厚德载物。

在教育中，孔子将“德育”放在“智育”之前，认为“行有余力，则以学文”。这点值得所有的教育者深深思考：教育为行，德育为先。一个人的思想品质是教育的根本，只有抓住了这个根本，才算得上是成功的教育。否则，教育也只是无根之泉。另外，这也告诉我们，德行是做人的根本，而做人是成事的基础。这与我们平时生活中所说的“做事先做人，成事先成人”等的说法是相通的。

司马光在《资治通鉴》中说过：“才者，德之资也；德者，才之帅也。云梦之竹，天下之劲也，然而不矫揉，不羽括，则不能以入坚；棠溪之金，天下之利也，然而不熔范，不砥砺，则不能以击强。”一个人是否可用的根本在于他是否有德，而不是才智有多高，能力有多强。一个没有道德的人，越是有才，对社会所造成的危害就越大。希特勒的演讲才能，政治、军事洞察力都是一流的，然而他却是个自大、狂妄的恶魔，纳粹德国在他的带领下发动了第二次世界大战，数千万人死亡，上亿人流离失所。纳粹德国的很多高级战犯，如卡尔登勃鲁纳、汉斯·弗兰克、威廉·弗里克等，都是博士学位，他们知识渊博，却没有用以造福人类，而是利用这些知识为战争提供依据，将无辜的人推向死亡。

在当下社会中，无论在哪个领域，要成事也必先会做人，高深的修养和德性是一个人做事的“通行证”。

一家著名的数码影像有限公司要招聘一名技术工程师，有一个叫冯柯的年轻人去面试，他在一间空旷的会议室中忐忑不安地等待着，不一会儿，有一个相貌平平、衣着朴素的老者进来了，冯柯站了起来。那位老人盯着冯柯看了半天，眼睛一眨也不眨。正在冯柯不知所措的时候，这位老人一把抓住他的手说：“我可找到你了，太感谢你了！上次要不是你，我可能再也看不到我的女儿了。”“对不起，我不明白你的意思。”冯柯一脸迷惑地说道。

“上次，在中央公园，就是你，就是你把我失足落水的女儿从湖里救上来的！”老人肯定地说道。冯柯一下子明白了事情的原委，原来老人把自己当成他女儿的救命恩人了。“先生，你肯定认错了！不是我救了你的女儿！”冯柯诚恳地说道。“是你，就是你，不会错的！”老人又一次肯定地说。面对这个对他感激不已的老人，冯柯也只能作些无谓的解释：“先生，真的不是我！你说的那个公园我至今还没有去过呢！”听了这句话，老人松开了手，失望地望着冯柯说：“难道我认错了？”冯柯安慰老人说：“先生，别着急，慢慢找，一定可以找到救你女儿的恩人的！”

后来，冯柯接到了录取通知书。有一天，他又遇到了那个老人。冯柯关切地与他打招呼，并询问道：“你女儿的救命恩人找到了吗？”“没有，我一直没有找到他！”说罢老人默默地走开了。

冯柯心里很沉重，对旁边的一位司机师傅说起了这件事。不料那师傅哈哈大笑：“他可怜吗？他是我们公司的总裁，他女儿落水的故事讲了好多遍了，事实上他根本就没有女儿！”

“噢？”冯柯大惑不解。那位司机接着说：“我们总裁就是通过这件事来选拔人才的。他说过有德之人才是可塑之才！”

入职后，冯柯开始兢兢业业地工作，不久就脱颖而出，成为公司市场开发部总经理，一年为公司赢得了 3500 万元的利润。当总裁退休的时候，冯柯就继承了总裁的位置，成为一位财富巨人。后来，他谈到自己的成功经验时说：“一个一辈子做有德之人的人，绝对会赢得别人永久的信任！”

的确，世间办事的方法有千万种，而唯有德行者才可以事事如意。世界变幻莫测，也唯有人品可立一生！这就是作为一个成功人士或希望成为一个成功人士应该具备的优秀品质。

人们常说，如果把一个人比作一个产品的话：有德有才的是正品，有德无才的是次品，有才无德是危险品，无德无才是废品。可以说，好人品是人生的桂冠和荣耀。它是一个人最宝贵的财产，它构成了人的地位和身份，它是一个人信誉方面的全部财产，它比财富、能力更具威力，它使所有的荣誉都无偏见地得到保障。

品行不佳的人，在这个世界上会丧失很多机会。管理学上有一种“中庸”理论，意思是说，任何一个想要稳步发展的组织，都要划分出三个档次，首先是德才兼备，其次是德高才中，最后才是德才中等，唯一不可用的是有才无德的人，因为这样的人极其危险。正如《三国演义》中的吕布，能征善战，英雄无敌，但品格低下，先认丁原做义父然后杀丁原，后认董卓做义父然后父董卓，最终被曹操抓起来，落得杀头的下场。

人生道路，不管你是用人还是为人做事，都要牢记“做事先做人，拥有好人品”这句箴言，好的人品将有助于你走上成功之路。

## 穷则独善其身，达则兼济天下

自古以来，中国知识分子都是以“修身、齐家、治国、平天下”为行事做人准则。这与孟子所言的“穷则独善其身，达则兼善天下”是相通的。意思是说，人在不得志时就该纯洁自好修养个人品德，得志显达之时就要去造福天下百姓。中国自古至今的知识分子无不以此为行事准则和规范。

穷，多指一个人身处逆境，穷困潦倒，人生不得志。善其身，即为使其身善，也就是使自己在道德修养方面更为高尚。“穷则独善其身”就是说，如果一个人身处逆境不得志，就要锐意进取，更多地注重自身的品德和能力的提升。达，即为显达、发达。济天下，按照现在的解释，就是关心公益事业，热心捐助，回馈社会。若一个人在富贵之后，还能够心怀天下，关心他人的疾苦，造福百姓，那他就是一个真正的成功人士。

身为长江实业集团有限公司董事局主席的李嘉诚是世界华人的首富，他从卖塑料花开始，白手起家而至富可敌国，成为了中国人商海扬帆的成功典范，是许多人心目中的偶像。

在几十年的时间中，世界经济和国际政治形势风云变幻，李嘉诚总是能在关键的时刻校准航向，带领一个庞大的企业帝国攀上一个又一个的高峰。人们无法完全理解这其中的智慧秘诀，所以以“李超人”的雅号来表达心中的敬畏。在以超人智慧创造庞大的企业王国之外，李嘉诚又通过创立基金会兼济天下，为企业家树立了一个新的标杆。

2006 年 8 月，李嘉诚先生宣布未来将个人财富的 1/3 捐给李嘉诚基金会，全力发展慈善事业。20 多年来，已经捐出及承诺捐出之款项 70 多亿元，其中大部分用于内地的助教兴学、医疗扶贫和文化体育事业。

对此，李嘉诚说：“内心的富贵才是财富。如果让我讲一句‘富贵’两个字，它们不是连在一起的，这句话可能得罪了人，但是，其实有不少人，‘富’而不‘贵’。真正的‘富贵’是作为社会的，能用你的金钱，让这个社会更好、更进步、更多的人受到关注。”

李嘉诚可谓“穷则独善其身，达则兼济天下”的代表。在少年贫穷时，他开启了自己的财富人生。后来，他凭借超人的智慧，缔造了财富王国，他喜欢穿旧皮鞋、戴便宜手表，却把诸多的财富挥向民间，用行动诠释了富贵的真谛在于“兼济天下”。

孔子曾说：“士而怀居，不足以为士矣。”是说，一个人如果成天想的都是自己的小家，自己的小日子，那么这个人就不能够成为一个真正的君子。

诗圣杜甫在自己的茅屋仅能容身、破败漏雨之时，他想的却是“安得广厦千万间，大庇天下寒士俱欢颜”，想让更多的人住上好房子。我们不会觉得杜甫是在吹嘘，而是会被他那博大的胸襟和炽烈的感情所震撼。再比如范仲淹，在他看来一个士人无论是“居庙堂之高”还是“处江湖之远”，都应该系念天下君民，都当“先天下之忧而忧，后天下之乐而乐”。

“穷则独善其身，达则兼济天下”告诫当下的我们，一个人如果有机会为周围的人服务，那就应该踏踏实实地为造福一方百姓而辛苦工作，不能只图一时之名；一个人如果没有机遇“出人头地”，那就应该多多自我反省，找出自身的不足，踏踏实实完善自我，提升个人素质，注重个人的道德修养。一个有智慧的人，一个经济富裕之人，应该多去“兼济天下”，多帮助他人，奉献社会；一个知识水平低的人，一个没有经济实力的人，应多注意积累学习，保持自己独立的人格。只有如此才能“达则兼济天下”、“得其时则驾”。

## 君子不为穷困而改节

知道德行的重要性不难，如何保持德行永不松懈难。很多人能够在平时注意自身的修养，但一到了关键时刻就会将德行抛弃。面对富贵、权势的诱惑时，他们会想：暂时丢掉原则，做一些违背德行的事没有人会知道，大不了以后有权有势时再多多弥补；面对困窘乃至死亡的威胁时，他们会想：渡过灾难，生存下去才是最重要的，在这种情况下违背原则，做一些有违道德的事也是情有可原。正是因为这些想法，他们对自己的要求越来越松懈，越来越不重视美德，最终成了没有节操，丧失道德的人。

知道什么是美德，知道该如何坚持原则，就应该严格恪守，不能一时一刻放弃。孔子说："君子无终食之间违仁，造次必于是，颠沛必于是。"对于仁德，无论是急遽仓促之时，还是颠沛流离之时，君子都会将其作为立身的根本，不会有一丝马虎松懈。身上有了污渍可以洗净，但德行上若是有了污渍就很难消除了；财货物品丢失了还可以找回，但美德若是丢失了想要找回就很难了。

有这样一个小故事：

一位年轻人在贤者门下学习，几年以后他觉得自己的才学、品行都差不多了，便准备告别老师，去外面的世界闯荡一番。老师同意了弟子的请求，并为弟子整理了几个大包袱，分别在包袱的外面贴上"美德"、"财富"、"智慧"、"机遇"、"健康"、"声誉"等字。他反复告诫弟子，只有渡过了远处的大河，才能将这些包袱打开，使用里面的东西。

年轻人谨遵老师的教诲出发了，他背着这些沉重的包袱，来到了大河边上，准备乘船去对面的城市寻找机会。可是当渡船到了半途时，忽然起了风浪，船夫告诉年轻人他带的物品太多了，必须要抛弃一些，船才能平安到达。年轻人记着老师的话，不能打开包袱看里面装的是什么，只能看这贴在外面的标签。他思量：我如今要去外面拼搏，没有"健康"肯定是不行的，没有"智慧"也很难有所作为，而"机遇"正是我所寻找的，"财富"和"声誉"又是这次我出来所追求的。这些都不能放弃，"美德"到处都具有，现在丢掉了还可以找回来，而且有了"财富"和"声誉"谁不赞扬我的美德呢？于是他将贴着"美德"的包袱丢入了水中。

到了对岸以后，年轻人打开包袱，准备看看里面到底装着什么。但他惊呆了，每个包袱中都有一个箱子，可都挂着一把大大的锁。其中还贴着一张老师留给他的字条：所有的钥匙都在“美德”之中。吃惊之余，年轻人恍然大悟，这是老师给他最后的教诲啊！无论是“健康”、“智慧”，还是“财富”、“声誉”都要用“美德”去获取，失去了“美德”就什么也打不开，人生将一无所获。

年轻人记住了老师的教诲，从此以后作出的每一个决定都从道义出发，不断修习自己的德行，终于凭借他的美德赢得了世人的尊敬，凭借他的美德获得了无数机会，取得了巨大的财富和崇高的声誉。

德行不可以一时放松，原则不可以一刻丢失，君子做人的气节不能有丝毫改变。孟子说“富贵不能淫，贫贱不能移，威武不能屈”这才是真正的大丈夫。若有一丝一毫的亏损，那就成了伪君子，必然要受到后人的指责和讥笑。明末大臣洪承畴，本来是抵抗后金的中流砥柱，受到世人仰慕。他兵败的消息传来，天下人都为之悲哀，崇祯皇帝亲自为他举行葬礼，表扬忠君爱国的美德。但可惜的是洪承畴并未殉国，反而在兵败被俘以后，面对死亡威胁和高官厚禄的诱惑时投降了清军。这一念之差，让他从一个民族英雄，变成了家国之贼，仁人志士以他为耻，他的母亲都为其感到羞愧。后人在编撰《贰臣传》的时候，洪承畴位列其中，成为千夫所指，世人不齿的奸佞。

每个人身上都有令人欣赏的美德，但大多数人遇到了诱惑，遇到了威胁便将德行、原则、气节等都丢掉了脑后，这样的人，德行是不完善的，是不真实的。真正的君子，无论身处何境，面对什么样的艰难困苦，什么样的吸引诱惑，都不会在道德原则上有一丝松懈。所以孔子说：“芝兰生于幽林，不以无人而不芳；君子修道立德，不为穷困而改节。”越是贫穷困苦之时，越能体现出一个人的道德层次，越是贫穷困苦之时，我们越应该恪守道德原则。

# 第二章 止于至善

《康诰》、《大甲》和《帝典》都是《大学》之“传”的开篇两章，主要就“经”中的“三纲目”：明明德、亲民、止于至善从“德”的角度进行了进一步的论述。无论历史如何变迁，无论社会背景如何改变，有一些东西是永远不会变的，比如人的道德标杆。“德”是立世的根本，守住自身的道德底线，“止于至善”，可以说是每个人必须要履行的社会责任和义务。

## 原文

《康诰》①曰：“克明德。②”《大甲》③曰：“顾諟天之明命。④”《帝典》⑤曰：“克明峻德。⑥”皆⑦自明也。

## 注释

①《康诰》：《尚书·周书》中的一篇。《尚书》是上古历史文献与追述古代事迹的一些文章的汇编，是“五经”之一，称为“书经”，全书分为《虞书》、《夏书》、《商书》、《周书》四个部分。

②克：能够。

③《大甲》：即《太甲》，具体指《尚书·商书》中的一篇。

④顾：思念。諟：此。明命：光明的禀性。

⑤《帝典》：即《尧典》，《尚书·虞书》中的一篇。

⑥克明峻德：《尧典》中的句子，原句为“克明俊德”。俊：与“峻”相通，意为大、崇高等。

⑦皆：“都”的意思，主指前面所引用的几句话。

**译　文**

《康诰》中说：“能够弘扬光明的品德。”《太甲》说：“念念不忘，此是上天赋予的光明禀性。”《尧典》中说：“能够弘扬崇高的品德。”这些都是说要自己弘扬光明正大的品德。

**经典解读**

本段是对“大学之道，在明明德”的引证和发挥，用来说明，弘扬人性中光明正大的品性是从夏、商、周三皇五帝时期就已经开始强调了，有据可查，有理可证，而不是我们当下人别出心裁，标新立异的产物。

孟子说：“恻隐之心，人皆有之；羞恶之心，人皆有之；恭敬之心，人皆有之；是非之心，人皆有之。恻隐之心，仁也；羞恶之心，义也；恭敬之心，礼也；是非之心，智也。仁义礼智，非由外铄我也，我固有之也。”在孟子看来，人性本善，人都是有良知的，善是人的本性与本能，只不过因为后天的环境影响和教育才导致了不同的变化。所以，儒家的先贤们都强调后天环境与教育的作用。作为“四书五经”之首的《大学》开篇就提出“大学”的根本宗旨就在于弘扬人性中光明正大的品德，使人达到最完善的至高境界。以我们今天的眼光来看，“在明明德”就是加强道德的自我完善，发掘、弘扬自己本性中的善根，而摒弃邪恶的诱惑。

**哲理引申**

## 弘扬善性是一种民族精神

中国自古以来的文化，都以弘扬善性为己任的。儒家以“仁、义、礼、智、信、恕、忠、孝、悌”为其思想核心，旨在建立一个诚信忠诚、礼恭友善的和谐社会。道家则以清静无为、顺应自然，反对斗争，崇尚自由的思想理念为主旨，意在建立一个人与自然和谐共生的美好家园；佛家则强调“慈悲为怀，众生平等”的主旨思想……可以说，弃恶扬善、惩恶扬善是一种融入民族血液中的精神理念，是中华传统美德中的瑰宝，曾在历史上发挥过极为重要的作用。所以，现代的我们不仅要继承和弘扬它，更要为之赋予新的时代精神。这就要培养我们明辨是非、爱憎分明、弃恶扬善的情感和意志，使我们的行为让整个社会变得文明与和谐。

在中国几千年文明的发展史上，行侠仗义、扶助弱小、疾恶如仇，一直是我们的优良传统，是一种渗透到民族血液里的精神文化，是中国文人的一种精神信念。

明清画家郑板桥在没有做官前，在苏州桃花巷以卖画为生。在同一个巷子的另外一头也有一个卖画的，是当地有名的画家，叫吕子敬。

吕子敬以擅长画梅而远近闻名，他自己也很是得意，老不客气地称自己笔下的梅花是“远看花影动，近闻花有香”。而当时的郑板桥则只画兰、竹、菊三样，不曾画梅花。有的顾客听闻他的名气，都请他画梅花，而他却总是婉言拒绝，并说：“对面的吕子敬先生擅长画梅，其画有所值，你找他绝不会吃亏！”这件事传出去之后，吕子敬更是得到当时文化圈中人士的肯定，于是人气更旺，更为相信自己画梅的技术堪称一流。

过了几年，郑板桥要去做官了，临行前吕子敬则亲自登门拜访。依照画界的规矩，画友分别要以丹青相送。郑板桥说自己很少画梅花，就想在高人面前献一下丑。于是当场就画了一幅梅花给吕子敬，吕子敬一看就傻眼了，原来郑板桥的梅花气韵不凡，完全能秒杀他的梅花，人家当初不画梅花，只不过想要给他留口饭吃。于是，吕子敬彻底服气了，对郑板桥充满了感激之情。

郑板桥的厚道源于他的穷苦出身，他自小丧母，家道中落。少年时又不得志，遭遇极为坎坷，所以对穷苦人民始终饱含情感。就算在做官后，也一反官职的积习，布衣草鞋，深入民间，了解百姓的疾苦，敢于为百姓做主，颇为当地人做了一些好事。

历史上不止是郑板桥，许多文人志士都是以弘扬善性为做人行事的宗旨，也曾留下了许多可歌可泣的历史故事。社会发展到今天，随着经济的不断发展和繁荣，我们更应该清醒地看到，一个社会、一个民族，仅有物质是不够的，还要有充实的精神，要有高尚的道德情操做指引。

来自上海的一位青年女工，一天经过苏州河，发现有人失足落水，正在旋涡中挣扎。千钧一发之际，她毫不犹豫地跳进水里，救起了落水者。与此相对照的是，当时岸上还有许多围观的人。其中也有身强力壮的小伙子。而她，却已经怀有五个月的身孕！事后，有人问她为何要下水，她回答得简单而又朴实，她说："我见水中的人还有一口气，总不能见死不救，这是做人的起码道德。"这位青年女工有一颗多么善良而勇敢的心啊！那些围观、见死不救的人又是多么的渺小和自私。

在当今社会中，不仅是这位上海女工，其实，在我们的同学、朋友、邻居、乡亲，甚至是陌生人身上，多多少少都会有些"善"的思想和行为，只要留心，你就会发现人们内在的美好本质，闪光的善良思想和行为就在我们的周围。

当然了，善念源于正确的善恶观，善恶观即指人们对善恶的本质、起源、标准及评价的依据等问题所持的观点与态度。对善恶的无知是误入歧途最主要的原因。一个人只有树立了正确的善恶观，懂得什么是善、什么是恶，才能弃恶扬善，走向光明的未来。我们所提倡的社会主义善恶观，以广大人民的最大利益为善的标准，与之符合则为善，与之违背为之恶。这种善恶观的确立，就会强化个人为人民服务的善念，就会使个人心中常存善念。

另外，善念也源于"思无邪"的心理自觉性。要做到"思无邪"，最为重要的就是克服“自私自利”的邪念。只有“思无邪”才能善念生，只有善念生，才能德行正。善念是在后天的道德实践中同恶进行斗争而形成的，是因为自己具有了利人的品格而变得善良。一句关心的问候，一个举手的搀扶，一点宽容和理解，一次捐献，都荡漾着善念的温馨，闪烁着人性的光彩，体现着人格的魅力。

总之，善念是人性中极为宝贵的一种精神品质，然而只有经过实践，把善念转化为善行的时候，才能实现善念的社会价值。因为善念是根，善言是花，善行是果，要做到常存善念，就要经常自思内省，排除邪念，弃恶扬善，唯善是举。常存善念，贵在自觉；克服恶念，贵在坚决。要做到这点，必须要经常进行自省，并及时与恶念作斗争，以是克非，以正驱邪，以善压恶，把恶念、恶行消灭在萌芽状态中，人人若都能坚持以“善”为人生指导，那么，整个社会将会向更文明、更和谐的方向发展。

## 弘扬人性中的善

“弃恶扬善”是中华民族的精神内容之一。在中国古典文化中，无论是儒、释、道家，还是其他各杂家，都将“弃恶扬善”作为主要内容加以宣扬，可以说，摒弃恶劣的行径，弘扬善良的品性是中华民族的传统美德之一，也是中国古代文人志士所信奉的最高道德标准。

范仲淹，字希文，在他很早的时候父亲就过世了，家境贫穷的他，每天只能吃一小碗粥来充饥。他每天读书很是刻苦，常以“拯救天下贫穷人为己任”来勉励自己。

有一天，他问一位读书人说：“我将来可以当宰相吗？”

读书人说：“恐怕不行！”

范仲淹再问：“我可以成为名医吗？”

读书人非常惊讶地问：“你刚才理想那么高，为何一下子降低这么多呢?”

范仲淹回答:“只有宰相和名医才可以救人。”

那位读书人称赞他说:“你有这种想法,真是当宰相的料。”

后来,范仲淹考中了进士,做了“秘阁校理”。他博通六经,许多学者都来请教他,他为他们讲解孜孜不倦。

他拿出自己的薪俸来请四方游士吃饭,自己有时没衣服,便穿着游士的衣服外出,范仲淹也觉得很是自在。

不久,他便当上了“右司谏”,遇到旱灾和蝗虫害,奏请皇上派遣特使调查救济。他禀告皇上说:“假如宫中半日没有吃的,会怎么样呢?”

宋仁宗产生恻隐之心,命令范仲淹去安抚江淮的灾民。范仲淹每到一个地方,就搬出仓库的粮食救济灾民。

他奏请皇上除去了政治上的几十种弊端,后来做了“参知政事”也就是宰相的副职。在敌军侵犯边境时,范仲淹自己请求亲赴边疆。麟州发生寇匪,许多人请他不要去,他为了修筑旧寨,招服流亡的人,免除他们的租税,并且把酒的专卖权开放给人民经营,河外从此便恢复安宁。

他生性好施,凡是贫穷的亲戚或没亲戚的贤者,他都会施舍。当他刚显赫时,他想照顾亲族,但二十年都力不从心。从西陲挂帅到参政后,他曾在故乡买千亩良田,号称“义田”,以帮助族人,让族人达到每天有饭吃,每岁有新衣,婚娶凶丧有补助的理想。他从族人中选择一位年老而贤能的人来主持计划和出纳。

有一天,他被皇上赐予一处庄园,想要搬过去居住,听人说:“住在那里,子孙会出公侯卿相!”

范仲淹回答道:“只有我们一家人独享富贵,不如附近的人都能在这里受教育,得到富贵的人,岂不是更多吗?”于是,他就把那块地捐出来兴建学校。

他与富弼共同管理朝政时,看见监司簿有不才的官员,他便会果断地将之撤职。宰相富弼说："这样果断撤职太没人情味，可能会令对方一家人伤心！"范仲淹说："让一家人伤心总比让一方百姓伤心好吧！"他处理这件事情极为得体，不会以小惠为仁。

范仲淹逝世后，皇上追封他为"魏国公"。他的儿子纯仁也当上了宰相，而其他三个儿子纯佑、纯礼和纯粹都是有名的卿侍，这都得益于父亲范仲淹的悉心教导。

善良是人性中"神"的品格，人要超越自我，达到善的境界，必须要注意积善。积善是精心地保持自己的善行，精心地培养自己心中各种善良的愿望，并使之不断积累和壮大。正所谓"积善成德"，说的就是积小善可以成就大德行。一个人只有从小处做起，在平凡的生活中乐行善事，才能体现非凡。也只有不弃小善，才能成就大善，只有能积众善，才能形成善良的品德。生活中，我们为陌生人指路是善行，主动帮助迷路儿童回家是善行，为正在爬坡的人力车助把力是善行，拧紧滴水的水龙头是善行，甚至给旁人一个友好的微笑也是善行。其实在我们的身边处处有你行善的机会和条件，只要你肯做！倘若平时不细心，没有自发积善和自觉积善，只幻想有朝一日在紧要关头挺身而出，成为人们学习的道德榜样，并不算是真正地发自内心的善良。所谓的积善成德就是"勿以善小而不为，勿以恶小而为之"。

《大学》在提倡扬善的过程中，要求人的善行要达到一种境界，即"至善"。达到至善是一项艰苦的功夫，也是一个漫长的过程。人生在世，要同各种邪恶作斗争，包括自身人性中的恶性、社会上的恶势力等。至善不是依靠个人的自身修养就能达到的境界，它必须要同国家的利益、民族的事业和时代的使命感紧密结合起来。孔子就曾经主张"修己以敬"、"修己以安人"、"修己以安百姓"等。修炼至善是一个人由个人、家庭乃至国家、天下的由近及远的过程，这就揭示出个人至善同社会道德文明结合起来，互为因果的内在联系。善的至高品位就是保证社会稳定和谐的发展和人类精神的不断进化，善的这种双重价值，就决定了个人至善与兼善天下的辩证关系。

一个社会文明的提升，道德的进化，关键取决于每个个体的道德修养水平与至善能力。要兼善天下，不仅需要从我做起，“独善其身”，而且要懂得关心他人，帮助他人。每个人都成了善人，天下自然皆善，罪恶也就无从滋生。

从独善其身到兼善天下，中间还有一个重要的环节便是与人为善。人之所以会行善，会为他人利益而牺牲个人利益，其关键在于此时的行为主体已将他人的不幸和痛苦视为自己的不幸和痛苦，并能时刻设身处地、将心比心地为他人着想，产生一种“不能不这样做”的情感。所以，人要行善，不仅要做到“己所不欲，勿施于人”，而且要做到“己之所欲，乐施于人”，能时时处处替他人着想，不把个人欲望强加于他人，也是弃恶扬善的一种重要表现。

## 君子处世，不离仁义

一个人最根本的就是道德，而最高的道德标准便是“仁义”。仁，就是爱人，以善良、忠厚之心对待他人，以包容、温和之心对待世界；义，就是正义、正直，举止言行合乎道德。只有坚持仁，用博爱善良之心对待世界，才能感到世界的美好，才能实现自己的人生价值；只有坚持义，时刻坚守原则，坚守正义，才能在面对各种选择时做出正确的决断，不会在人生道路上迷失本性。

历代君子都能以仁义自处，孔子曾说：“里仁为美，择不处仁，焉得智?”在仁德之上安心，在仁人之侧安身，这样的人才是真正地具有大智慧。每个人出生的时候都有善良的本性，有的人之所以变得邪恶、失去美德，就是因为他们抛弃了仁义而不居，放弃了仁义之路而不行。

孟子说：“仁，人之安宅也；义，人之正路也。”仁义是人生最好的精神归宿，仁义是人生最光明的道路。只有守护仁义，人生才能平安、幸福，只有坚守仁义，人生才能顺畅、通达。无论是一个平民百姓，还是天子诸侯，都应该追求仁义，遵仁义而行。所以，汉代的陆贾在其著作《新语》中说道："治以道德为上，行以仁义为本。"

商汤是殷商的开国君主，他在位的时候正是夏桀统治天下，夏桀荒淫好色，残暴无道，诸侯皆有叛心，百姓皆怀怨愤。商汤十分仁义，在自己的国家中施行善政，百姓都得到实惠，生活得很快乐，所以其他国家的百姓都归心于他，期望他能做自己的君主。

一次，商汤外出游玩，路过一片树林的时候，看到一个猎人正在张网捕猎。那猎人竖起了四面网，祈祷道："求上天保佑，网已挂好，愿天上飞下来的，地下跑出来的，四面八方而来的鸟兽都进入我的网中。"商汤听见后，十分感慨，说："只有夏桀才能如此网尽生物啊！这样做岂不是太残忍了吗？"于是他下令把张挂的网撤掉三面，然后自己跪下祈祷说："天上飞的，地下走的，想往左跑的，就往左跑，想往右飞的，就往右飞，不听话的，就向网里钻吧。"说完告诫猎人和随从说："上天为何那么伟大，就是因为它有好生之德啊。连广大的天都如此，我们人类又怎么能违背呢？即使是对禽兽也不能赶尽杀绝啊！"猎人深受感动，诸侯、百姓们听说了这件事，也都十分称颂商汤的仁德。

后来，天下诸侯越来越无道，人民生活在水深火热之中，商汤为了拯救百姓，便起兵攻打那些残暴无道的诸侯。天下百姓盼望他就像久旱的禾苗盼望时雨一般，他先攻打南面，北面的百姓就抱怨"为何将我们放在后面"！他攻打北面，南面的百姓就会抱怨，"为何要将我们放在后面呢"！天下百姓都归心于他，商汤最后推翻了夏桀，建立了商朝，他的子孙做了几百年的天子，后世百姓无不称赞他的仁义。

作为一个君主，仁义就是施行善政，爱护百姓，不为满足自己的私欲残害人民。"水能载舟，亦能覆舟"，君主爱护百姓，对人民施行仁义，人民就会将其承载起来；君主不爱百姓，不行仁义，人民就会将他抛弃、推翻。作为普通人，也需要恪守仁义之道。性情温和善良，心怀慈悲，多助人，多救危，就是我们能做到的仁义，这样就会受到他人的尊重、爱戴。相反，如果性情刻薄、冷漠，见义不为，见危不救，那就是没有仁德，这样的人就会被世人所厌恶，最终将自食苦果。

有的人说，自己没有被人认可的大志向，就想平庸地度过一生，所以不需要仁义，平时违背原则占点儿小便宜没什么。此言大谬，即便是再平庸的人也不能离开仁义，你不想建功立业，想不想长寿无灾？身体健康，长命百岁，是任何人都期望的。那什么样的人才能身体健康呢？就是行仁义、有道德的人。《中庸》里说过一句话："大德者，必得其寿。"经常做善事，从来不违背仁义道德，以奉献为荣，以助人为乐，他就不会斤斤计较个人的得失而愁肠百结，吃饭香甜，睡觉安稳，心胸坦荡，自然福泽多多，长命百岁了。经常做恶事，离开了仁义道德，良心就会不时受到煎熬，心中总怀有愧疚，积郁成疾想要正命而死，也是不可能的。所以，名医孙思邈就在他的《备急千金要方·养性序》中说："德行不克，纵服玉液金丹，未能延寿。"

所以说，无论是什么人，不管有什么想法，是想要建功立业、志平天下的帝王君子，还是只想平平淡淡度过一生的布衣百姓，都必须厚养道德，以仁义为本，须知仁义才是人生中最安稳舒适的住宅，最宽敞明亮的大道。

## 人生的至高境界在于"行善"

在曾子看来，世界没有什么能比"善"更高深的修行了。其实，这与老子所说的"上善若水"的境界是相通的。在老子的世界观中，真正的善就似水的品性一般，能泽被万物而不争名利。处于众人所不在意的地方或者细微的地方，所以说，世界上唯有"善"是最接近道的。

内心只要是向善的人，无须华丽的语言，美艳的衣裳，更无须显赫的权位，善良所散发出的光芒足以让世间的一切都显得暗淡无光。善良，是每个人内心深处最淳朴、最原始、最纯洁的美好品质。

小镇上有一位少女，有了身孕。这让她的父母极为羞愧难堪，便逼问少女，孩子的父亲是谁。少女被逼无奈，说孩子的父亲是附近村的一位商人。少女的父母极为愤怒，曾几次到这位商人家里大吵大闹，但商人却平心静气地忍了下来。孩子出世后，这家人就把孩子抱给了那位商人。商人只说了一句“这样子啊”！便默默地接下了孩子。从此，商人便放弃了自己的生意，每天抱着孩子挨家挨户讨奶喝。小镇里从此炸开了锅，说什么的都有。商人被人指指点点，甚至被辱骂。

一年后，少女受不了内心的煎熬，承认孩子的父亲是另一个人，与商人无关。少女及家人惭愧地找到商人，看到商人很是憔悴，但孩子却被喂得白白胖胖。少女满心愧疚，商人淡淡地说了一句“是这样子啊！”便把小孩还给了少女。

商人被人冤枉，不仅放弃了生意，而且还名誉扫地，却始终不辩解，这是为何呢？对此，商人说：“我虽以经商为生，但却视功名利禄为身外之物。被人误解于我毫无关系。能解少女之困，能拯救一个小生命，这便是善事。”

面对他人的误解，这位商人却能平静地接纳，只为了挽救少女，挽救一个小生命，这样的善举可谓伟大。人的德行也只有达到极高的程度方能达到的一种境界。

善也是一种信念，是指引人走出迷茫的引领者。《浮士德》中说，善良人在追求中纵然迷惘，却终将意识到有一条正途。当我们在痛苦中难以解脱时，当我们在烦恼中纠缠不休时，当我们在人生的路口迷茫徘徊时，相信善良的力量，相信善良是引领我们走出迷雾的导航。无论遇到什么事情，都以善为信念，以善作为为人处世的准则，坚持善良的底线，坚持做一个善良的人，那么，相信无论做出怎样的选择，都不会偏离人生的坐标，都不会给他人带来伤害，更不会给自己带来遗憾。

小镇上有一家菜摊。菜摊上每天摆着鲜嫩的蔬菜，五颜六色。有红彤彤的番茄，绿油油的菠菜，紫色的茄子，黄白的大白菜……虽然每种蔬菜上标识的价格都很便宜，但是老板的生意还是不怎么好。

原来，住在小镇上的人们大多家里贫瘠，根本买不起蔬菜。面对老板的热情招呼，大人们都绕道而行，而小孩子们却挡不住“秀色可餐”，围着菜摊转悠。

老板知道孩子们不会买菜，只是玩。但他仍然像招呼顾客一样热情地与他们打招呼：“孩子们，放学了？今天还好吗？”

“很好，老板，您今天卖的马铃薯看起来真大。”一个戴着扁平帽子的孩子腼腆地说。

“呵呵，是呀。这是我们自家种的，每一样蔬菜都很新鲜。你妈妈这段时间身体好些了吗？”

“多谢老板关心，一直在好转。”

“那就好，你想要点什么蔬菜吗？”

“不，老板。我只是看看，您的马铃薯可真新鲜呀。”

“那就买点回去，和你妈妈一起吃。”

“可我没钱。”小男孩低着头说。

“这样吧，你有什么东西？我们可以来交换。”老板和蔼地说。

“真的吗？”小男孩欣喜若狂地摸遍了全身，可是他失望地回答道，“我什么都没有。”

“你的玻璃球呢？我可看见你经常赢别的小孩子的玻璃球。”

“这个……可是它们是我的宝贝。”

“你拿一个给我就行了，反正你有很多。”

“真的吗？”小男孩从裤兜里掏出一个蓝色的玻璃球递给老板。

可是老板不满意地说道：“哦……是蓝色的呀，其实我本来想要一颗红色的。”

“红色的玻璃球我放在家中了。”小男孩回答。

“这样，那你先把马铃薯拿走，改天再把那颗红色的玻璃球给我就行了。”

“好的！谢谢老板。”小男孩拿着马铃薯高高兴兴地回家了。

望着小男孩欢快的背影，老板露出了欣慰的笑容。

这时，必定有一个人站在他的旁边也露出了欣慰的笑容，她就是老板的妻子。只有老板的妻子才会明白丈夫所做的一切只不过是个游戏，她已经熟悉这种游戏了。

丈夫知道小男孩买不起蔬菜，也没有什么值钱的东西可以交换。因此，他每次都假装一次又一次地跟小孩子们“讨价还价”，目的就是为了帮助他们。就比如刚才的小男孩，老板说要红色的玻璃球，但是当下一次小男孩拿过来红色的，老板会说他想要黄色的，这样看似玻璃球一直不符合老板的“心意”，其实是老板故意不要。而每次打发小男孩走的时候，他一定会想办法让小男孩再拿上一些好菜。

就这样过了好多年，卖蔬菜的老板逐渐老去，得了疾病。小镇的所有人都去送别他，包括那些与他交换东西的所有孩子们。如今这些孩子们都已长大成人，个个成家立业，有的还成为了有名望的成功人士。

老板的妻子站在灵柩的前面，小伙子们每个人轮流着走过去拥抱她，亲吻她的脸颊，在耳边小声地安慰，然后把温暖的手放在老板冰凉苍白的手上，深深地注视着……

菜摊老板用他如水般善良的心和富于友爱的善良关爱着这个镇上的每一个穷人，可谓是用心良苦！

菜摊老板用自己的默默无闻来帮助这些生活困苦的人家，又想尽一切办法不让人感觉到是在施舍，悄悄地用自己的善心改变着镇上人家的生活，而他最终又选择了悄悄离开！不求回报，不以索取为前提，同时感受着别人所感受到的一切，这是人生的大善！

行善是一种快乐。人生的快乐，更多的是在付出中，而不是在获得中。一味地索取往往会给自己带来更多的烦恼。因为善良，所以不曾伤害过他人，那么也不会伤害自己；因为善良，所以远离仇恨，远离纷争，远离痛苦，因而生活中感受更多的是快乐；因为善良，所以懂得奉献，乐于助人，而我们也在奉献中收获了心灵的充实和纯净。善良，是生命的方向，也是心灵的归宿。

## 建一本心灵的“良知簿”

弘扬善行，要从自我做起。生活中，若人人都能自觉行善，自觉为个人建一本心灵的“良知簿”，每天都能如实地记录下个人的所言所行。在面对世人时，能敢于敞开自己“心灵的良知簿”，经得起他人的查看，就能挺直自己的脊梁，走出属于自己的一条阳光大道。

有这样一个故事：

传说一位大师拥有一盏宝灯，灯芯镶着历时500年在千尺海下育出来的硕大的明珠。如果哪个人有幸得到这盏宝灯，那他便会品性高洁，备受世人敬重。

同时，也有人传言，说这位大师门下有3个弟子。他的3个弟子曾经跪求大师怎么样才能得此稀世珍宝。大师说道，世人可以分为三品：时常损人利己者为下品，因其心灵已落灰尘；偶尔损人利己者为中品，因其心灵偶沾尘埃；从不损人利己者为上品，因其心灵洁净为世人所敬重。人心本是水晶之体，容不得灰尘的缠绕。所以，红尘中常要擦抹，方可进得上位。

于是，大师给3位弟子每个人发了一本“良知簿”，嘱咐他们分头下山化斋。与世人交往时凡做损人利己之事都要详细地记录下来，每记录一笔便视为心灵除尘一次。10年之后再持“良知簿”回来见他，最后通过大师对他们的行为做出评价，以确认最后拥有此盏宝灯的人选。

转眼10年过去了，3个人都回来见大师，门人告知他们说大师出游需要耐心等待，在等待大师的日子中，3人不断地看着自己的“良知簿”，回味上面记下的大大小小的损人利己的行为。然后又相互地评鉴，进而反思、自责。随着时光的流逝，终有一日，3人忽然醒悟，那盏“传世宝灯”本就挂在自己的心中。

一个人，如果他的心灵没有灰尘，就永远华光闪烁！

每个人的心灵是一座“库房”，每个人的所言所行，无论是好事还是坏事，无论你愿不愿意，都会一次不少地存放在那里。面对世人，行走于世间，我们也要建立起一座经得起他人查看的心灵“库房”，如此才能堂堂正正地走在天地间！当然，要建起一座经得起他人查看的心灵“库房”，就要时时懂得弃恶从善，从身边的小事做起。

一座城市来了一个马戏团。6个小男孩个个都穿戴得干干净净，整整齐齐地排在自己父母的身后，等候买票。他们兴高采烈地谈论着即将上演的节目，兴奋极了。

终于，轮到他们了，售票员问要多少张票，父亲低声说道：“请给我六个小孩和两个大人的票。”母亲的心颤了一下，扭过头把脸垂得极低。售票员重复了一遍价格，父亲有些不自在了，眼中透着酸楚，他实在是不忍心告诉身边兴致勃勃的孩子们，我们的钱不够买票。

一位排队买票的男子目睹了这一切，他看到孩子父亲眼中闪烁的泪光，于是便悄悄地将手伸进自己的口袋中，将一张50元的钞票拉出来让它掉在地上。然后便轻轻地拍拍那位父亲的肩膀，指着地上说：“先生，你掉钱了。”父亲回过头，猛然明白了事情的原委，眼眶一热，弯下腰捡起地上的钞票。然后，紧紧地握住男士的手。

看似一个小小的善行，但在心灵的“良知簿”上多了一件让人称赞的事，也让人生为之熠熠增辉。

不可否认，一个有良知的人，其行为一定是向善的。关于良知，王阳明在《传习录》中这样写道：“若鄙人所谓致知格物者，致吾心之良知于事事物物也。吾心之良知，即所谓天理也。致吾心良知之天理于事事物物，则事事物物皆得其理矣。”章炳麟在《驳康有为论革命书》中这样写道：“民族主义，自大古原人之世，其根性固已潜在。远至今日，乃始发达，此生民之良知本能也。”可见，良知是构建和谐社会之魂，是社会不断向前发展的脊梁。所以，要构建和谐文明的社会，人人都要学会为自己建一本“良知簿”，时时记录自己在生活中的所作所为。

# 第三章 苟日新，日日新，又日新

本章主要阐述了“苟日新，日日新，又日新”的主旨，即从动态的角度去强调一个人只有不断革新，才能不断完善自己。“苟日新，日日新，又日新”本是古代贤王商汤的座右铭，用来警示自己要除尘革新。在今天看来，这句话代表的是人不断向前发展和积极进取的一种精神理念。

## 原文

汤[①]之《盘铭》[②]曰：“苟[③]日新[④]，日日新，又日新。”《康诰》曰：“作[⑤]新民[⑥]。”《诗》曰：“周虽旧邦，其命惟新[⑦]。”是故君子无所不用其极[⑧]。

## 注释

①汤：即商朝的开国君王成汤。

②盘铭：古代用来刻在器皿上的箴言，以用来时时警诫自己。这里的器皿是指商汤的洗澡盆。

③苟：如果。

④新：原意是指用水洗去身上的污垢，使身体焕然一新，其引申为精神上的弃旧图新。

⑤作：振作，激励的意思。

⑥新民：动词，意为使新、民新，也就是使人弃旧图新，去恶从善的意思。

⑦“《诗》曰”句：这里的《诗》指《诗经·大雅·文王》。周，指周王朝。旧邦，旧国。其命，指周王朝所禀受的天命。惟：语助词，无意义。

⑧是故君子无所不用其极：所以品德高尚的人无处不追求完善。是故，所以。君子，有时候指贵族，有时指品德高尚的人，根据上下文不同的语言环境而有不同的意思。

## 译 文

商汤王刻在洗澡盆上的箴言说“如果能够一天新，就保持天天新，新了还要更新。”《康诰》中说：“激励人弃旧图新。”《诗经》上说：“周朝虽然是旧的国家，但却禀受了新的天命。”所以，品德高尚的人无时不在更新自我、追求完善。

## 经典解读

《大学》的宗旨在于“在明明德”，如果说这是一种静态地要求人弘扬人性中光明正大的品德的话，那么，“苟日新，日日新，又日新”就是从动态的角度去强调一个人要不断更新自我，追求完善的问题。

商朝开国君主商汤将“苟日新，日日新，又日新”刻在洗澡盆上，只是用来说明洗澡的问题：假如今天把身上的污垢洗干净了，以后便要天天把污垢洗干净。只有这样一天天地坚持下去，才能日日干净。而人的精神上的洗礼、品德方面的改造与思想上的更新何尝又不是如此呢？一个人唯有不断更新自我，才能保持生命的朝气与活力。

当然，本段所指的“苟日新，日日新，又日新”主要指的是精神道德方面的洗礼、更新。就如《庄子·知北游》所说的“澡雪而精神”，也如《礼记·儒行》所说的“澡身而浴德”。道德、精神方面的更新是为了使人不断走向完善的至高境界，这也是秉承和践行“大学之道，大明明德，在亲民，在止于至善”的一种重要途径。

**哲理引申**

## 学会不断更新和完善自我

不断更新自我，每天进行精神的洗礼从而使自己走向完美的境界是《大学》所要表达的宗旨之一，同时，不断更新和完善自我，也是一个人立足于现代社会的现实需要，一个人不断走向成功的重要条件。

当今是一个高速发展的时代，一个人若不懂得时时更新和完善自我，定会被社会所淘汰，将难有立足之地。正所谓人无完人，每个人或多或少都有不完美或欠缺的地方，这个时候，我们就要学会及时更新和修正自己，古今中外，但凡成就了一番大事的人，无不是以完善自我为己任的。

本杰明·富兰克林博学多才，曾被称为美国历史上最有影响力的伟人。他是一位伟大的爱国者、科学家、作家、发明家、画家、哲学家。他自修法文、西班牙文、意大利文和拉丁文，并引导美国走上独立之路。但是，富兰克林在小时候并非是一个优秀的人，相反，他还有许多不良的习惯，他非常明白这一点。与常人所不同的是，他在很小的时候便下定决心改掉自己的这些坏习惯。为此，他为自己制定了一个戒除恶习的妙方。他首先列出获得成功必不可少的13个条件：节制、沉默、秩序、果断、节俭、勤奋、诚恳、公正、中庸、清洁、平静、纯洁、谦逊。在那本不朽的自传中，他提及了使用这个妙方的方法。“我打算获得这13种美德，并养成习惯。为了不致分散精力，我不指望一下子全部做到，而是要逐一进行，直到我能拥有全部美德为止。”他的秘方中，有一点借鉴了毕达哥拉斯的忠告，每个人应该每日反省。他设计了第一套成功记录表："我制作了一个小册子，每一个美德占去一页，画好格子，在反省时若发现有当天未达到的地方，就用笔作个记号。"这个妙方成就了一代伟人。直到富兰克林 79 岁时，他写了整整 15 页纸，特别记叙了他的这一项伟大发明，因为他认为自己一切成功与幸福受益于此。富兰克林在自传中写道："我希望我的子孙后代能效仿这种方式，有所收益。"

伟大的成就源于良好的个人习惯，而良好的个人习惯则源于强大的自制力。一个能时时不断更新自我，使自己趋于完美的人，也是无敌的。

著名的演讲大师查尔斯是个外向且善于言谈的人，然而，他曾经不解地意识到他正在不断地失去一些朋友。他开始意识到尽管自己的口才不错，但是在与人交往的时候，总是喜欢与人争辩，总与人相处不好。

圣诞来临之前，大家都在忙着制订新一年的打算或计划，查尔斯则静坐下来，拿起一张白纸，列出了自己所有让人讨厌的性格特点。同时，他又对这些特点进行了编排，把最有害的放在清单的第一位，然而依次排下来，而害处最小的则排在最后。他决定，在新的一年中，他要一点点地改掉自身的这些坏毛病。每次他都发现自己已经成功改正了一个坏毛病的时候，他就用笔将这个坏毛病从纸单上面划掉，直到清单上所有的毛病都画完为止。后来，查尔斯成为朋友之中最受欢迎的人，同时，他也成为当时美国最有人格魅力和感染力的演讲家。

如果查尔斯不对自己进行任何的改造，如果他像如今的许多人一样，父母给了什么性格就保持什么样的性格，如果他继续以那种争辩的方式与人交往……那么，最终也不可能成为最有人格魅力和感染力的演讲大师。所以说，与其说是好性格促进了查尔斯的成功，不如说是高度的自我更新能力和自制力成就了他。

《高效人士的七个习惯》的作者史蒂芬·柯维博士指出，一个人良好习惯的养成本是一个渐进的过程，以原则为中心的习惯更是如此。我们甚至可以说，原则是只可以接近，却永远达不到的彼岸。人的行为总是会偏离原则，或者说人的生活总是不够完满，总是有可以改进的地方。因为所谓的以原则为中心生活，就是要把握好生活的每一分、每一秒、每一件事和每一个人，从而实现最美好的人生。这当然是一个美丽的梦想，不过却是真实的梦想，是我们可以触摸的梦想。通过不断地自我更新和自我完善，我们可以逐渐地实现梦想，同时真实地体验到生活的欣欣向荣。

伟大的改革家马丁·路德有一句名言："我今天要做的事情太多了，所以要多花一个小时祷告。"这里所说的祷告就是自省，就是所谓的精神和道德洗礼。有人可能会说，我每天有更重要的事情去做，哪里舍得浪费一个小时去祷告呢？磨刀不误砍柴工！这个耳熟能详的道理常常是被我们所忽视的。在生活中，我们常常不知道如何去磨刀，也不知道磨刀能够将砍柴的效率提高多少。实际上我们缺乏磨刀的体验。一个人只有在道德和心灵层面上趋于完善时，我们才能以智慧和活力去抵挡生活中的困难、压力等阻碍，而马丁·路德多花一个小时祷告就是为了在自省中不断地提升自己的智慧和精神力量，以使自己的内在更趋于完善。为此，生活在当下社会中的我们更应当如此。

## 懂得自察自省

心如平原走马，易放难收，人要从一个坏人变成一个好人需要很长的时间，而从一个好人变成一个坏人却只需要很短的时间。俗话说："学好三年，学坏三天。"真正的智者在任何情况下都懂得自察自省，修正自己的内心，不断更新自我。

在广袤无垠的非洲大草原上，生活着羚羊和狮子。一天清晨，羚羊从睡梦中醒来，它想的第一件事就是，我必须比跑得最快的狮子还要快，否则，我就会被消灭。而狮子也同时在想：我必须比跑得最快的羚羊快，否则我会被饿死。

这则寓言告诉我们，人要懂得不断淘汰自己，每天更新自己。年轻人就如同生长在非洲草原上的羚羊，你不想被凶悍的狮子吃掉，你就必须意识到每天面临着威胁；即使你很强大，你也要不断提升自己，否则总有一天会被别人超越。

自察自省，是一种优秀的品质。只有时刻自察、反省的人才能够进步。自察自省也是一种学习能力的体现，自察自省的过程是学习的过程，也是改善自己的过程。如果你每天能够不断地自察、反省自己，并努力寻求改正的办法，就能让自己不断的成熟起来，最终走向成功。大凡成功者，都把自察、反省作为前进的重要手段。

在奋斗的道路上，如果我们能够时刻静下心来自察、反省一下自己，又何愁不会进步呢？年轻人，如果你想做出一番大成就，获得成功，就必须在平日里多自察、反省一下自己。客观地自察、反省自己，才能避免犯更多的错误，才能让自己在成功的道路上越走越远。

孔子言："吾日三省吾身。"对于个人来讲，问题不在一日三省吾身还是四省吾身，现在是速度革命时代，一天只有早上、中午、晚上才反省怎么够，应该具有高敏感度，时时刻刻都能自我反省才对。唯有如此，才能时刻保持清醒。人做一次自我检查很容易，难就难在时时进行自我反省，时时给自己一点压力，一点提醒。只有这样，才能对自我的言行进行客观的评价，认识自我存在的问题，才能让自身做起事情来更为完美。

夏朝时期，一个背叛的诸侯有扈氏率兵入侵国都，当时的夏禹便派他的儿子伯启前去抵抗，经过几次交战后，伯启惨败而归。对此，伯启的部下很不服气，建议他继续进攻，但是伯启却说，不必了，我的兵比他多，地也比他大，结果却被他打得惨败而归，这一定是因为我的德行不如他，带兵方法不如他的缘故。所以，从今天起，我一定要努力改正过来才是。

从此以后，伯启便日日自省，并将不好的行为记下来并带在身边，以时时警示自己。他每天很早便起床，粗茶淡饭，衣着朴素，善待百姓，极力任用并提拔有才干的人，尊敬有德行的人。一年后，有扈氏得知后，不但不敢再来侵犯，反而自动投降了。

一个善于通过自省而不断自我完善的人，是无敌的。自省能使人在不断的悔悟中修正自己的行为方式，无论在品德上还是在技能方面，都会趋于完美。

荀子在《劝学》中写道："君子博学而日参省乎己，则知明而行无过矣。"说的就是道德高尚的人一方面要博学，一方面要反省自身，才能知识日增，防患于未然，减少过失。所以，欲成就大事者，都会将自省当成自己每日的功课。

金无足赤，人无完人。人总会有个性上的缺陷、智慧上的不足，而年轻人更缺乏社会历练，常常会说错话、做错事、得罪人。反省是砥砺自我人品的最好磨石，它能使你的想象力更敏锐，它能使你真正认识自我。

时代的步伐永不停止，生命的长河奔流不息。新时代是一个高速的信息时代，新旧交替日益加剧。那么作为年轻人，你们也应每天反省、更新自己，它会给你丰富的学识、充实的生活、成功的事业。

## 不断充实、完善自己

宋代朱熹《观书有感》："半亩方塘一鉴开，天光云影共徘徊。问渠那得清如水？为有源头活水来。"事物都是运动、变化、发展的。为学之道，必须不断积累，不断地吸收新的营养，这样一个人的学问才不会变成一潭死水。无止境地学习，是每一个智者所必需的。人要想不断进步，就得"活到老、学到老。"

有这样一个哲理故事：

课堂上，教授正在给学生上课。教授拿出一个罐子放在桌上，说："我们今天来做一个实验。"只见，教授拿出一堆拳头大小的石头，一块一块地把它们放进罐子里，直到石块高出罐口再也放不下去了，他问："罐子装满了吗?"所有的学生都回答："满了。""真的吗?"教授继续问道。说着他从桌上拿出一些沙粒，倒了进去，并敲击罐壁使砾石填满石块间的缝隙。"现在罐子满了吗?"学生们回答："满了。"教授没有回答，只是随手将桌上水杯里的水倒了进去。水填满了石块与沙粒间的所有缝隙，直至水溢出罐子为止。这次，教授没再问了，实验做好，学生们好像明白了什么，齐声说道："满了。"教授点了点头。

这个故事告诉我们，学习是永远没有止境的。只有不断充实自己，才是克服"自满"的唯一良方。

子曰："学而不思则罔，思而不学则殆"，"学而时习之，不亦说乎?"学习是无止境的，求知是无止境的。在漫长的人生道路上，我们应与时俱进，不断地学习，汲取新的知识，充实自己的大脑，使自己变成一个有涵养的人。

知识就是力量，知识改变命运，知识是引导人类走向文明的灯塔。"学如逆水行舟，不进则退!"当今时代，世界在飞速发展，知识更新的速度日益加快，人们要适应变化的世界，就必须努力做到不断地学习，汲取新知识，只有如此，思想、才学、智慧才会永不枯竭，永不陈旧，永远充满活力和生机。

春秋时晋国国君晋平公，在他 70 岁的时候，依然希望多读点书，多长点知识，总觉得自己掌握的知识太少了。他就问乐师师旷说："你看，我现在已经 70 岁了，年纪的确老了，可是，我想多读些书，长些学问，但又总是没有信心，总觉得这样太晚了。"

师旷笑着答道："你说太晚了，那为什么不把蜡烛点起来呢?"

晋平公不明白师旷在说些什么，有点不高兴地说："你这话什么意思？我在跟你说正事，你为什么要故意取笑我呢？"

师旷一听赶紧解释道："大王，你误会我了，我这个双目失明的臣子，怎么敢戏弄大王您啊！只是我听人说，人在少年时好学，就如同获得了早晨温暖的阳光一样；人在壮年的时候好学，就好比获得了中午明亮的阳光一样；人到老年时好学，虽然已日暮，没有了阳光，可它还可以借助蜡烛啊，蜡烛的光亮虽然不及太阳那么明亮，也比摸黑要强。"

晋平公大彻大悟，点点头说："你说得太对了，的确如此！我有信心了。"

晋平公从此开始了晚年的求学路。

是的，"为什么不把蜡烛点起来呢？"无止境地学习，是每一个智者所必需的。人生只有懂得不断点亮自己心中的蜡烛，才能不断充实自己。

成功要靠持续不断的努力，所以我们一定要不断学习，充实自己的头脑。从自身讲，学习是对精神的充实，在学的过程中，我们会思考，在思考的过程中，人性会得到升华。年轻时，学是为了理想，为了安定；中年时，学是为了完善，补充空洞的心灵；老年时，学则是一种意境，慢慢品味，自乐其中。"活到老，学到老"，平凡的一句话，是做人的大意境。正如罗曼·罗兰所说："人类的使命就是自强不息地追求完美，是的，人类就是在不断地挑战自我，以获得人生真正的真谛。"

古人云："耳读书而聪，目读书而明，心读书而一，神读书而注，凝读书而遍，虑读书而莹，饥读书而饱，困读书而醒，愠读书而吉，愤读书而平，噫，余白首未闻道兮，唯读书以毕此生。"学习是无止境的，只有用知识实现梦想，用读书寻找乐趣，用知识创造生活，你的人生才会树立起永不沉沦的风帆。

## 知己不足，勤于改过

自古以来，圣贤君子认为能勇于改过是做人的第一大义。人非圣贤，孰能无过，过而能改，善莫大焉。知己不足，勤于改过，是人生的必修课。人只有通过改正错误，才能不断完善自己，进而走向成功。

一位成功人士说过："一个人如果想永远不犯错，最好的办法就是永远不做事情。"犯错是成长的基石，一个人如果不敢犯错、害怕犯错，那么，他便很难认清楚自己的优劣，也很难成长。这句话绝非是纵容人们去犯错，而是告诫人们要以正确的态度去看待自己的错误，犯错后及时反省，勇于更正自己，从错误中汲取经验教训，从而使自己不断走向卓越。

子贡说："君子之过也，如日月之食焉；过也，人皆见之；更也，人皆仰之。"人非圣贤，孰能无过，但是，不管是大缺点或者是小错误，我们都应该接受他人的劝诫，加以改正。

《世说新语》中有则周处知错就改的故事。

周处年少时，为人凶暴强悍，任性使气，乡里人都认为他是一大祸害。另外，乡里的河中有一条蛟龙，山上有两只猛虎，都来祸害老百姓，因此，乡里人把他们叫作"三害"，而这"三害"中，周处最为厉害。

一天，有人怂恿周处去杀蛟龙和猛虎，实际上是希望周处被蛟龙和猛虎吃掉。为了彰显自己的能力，周处答应了乡里人。不久，周处就取了两只老虎的性命。此后，又下河斩杀蛟龙。蛟龙在水里游来游去，不好斩杀。周处与蛟龙一起漂游了几十里远。经过了三天三夜，乡里人都认为周处和蛟龙都已经死了，大家在一起互相庆祝，村里少了三害。

周处终于杀了蛟龙，上了岸。他听说乡里人以为自己已死，而为此庆贺的事，才知道乡里人都认为自己是祸害，于是就有了悔改的心意。

后来，他去吴郡求教于陆清河和陆平原。可当时陆平原不在，只见了陆清河，他就把全部事情告诉了陆清河，并说自己想改正错误，但是岁月已经虚度了，害怕自己不会有什么成就了。陆清河则劝慰他说："古人认为哪怕是早上明白了道理，就算是晚上死了也甘心了，何况你前途还是有希望的，并且人就害怕不能给自己立下志向，只要立了志，为什么还担忧美好的名声不显露了。"

周处听后，于是改过自新，发愤图强，最后成为了一位远近闻名的人。

犯错误不要紧，知错就改最重要。卡莱尔说："最大的过失，便是不知有错。"我们应该"静坐常思己过"，也该虚心接受别人的批评和规劝。"良药苦口利于病，忠言逆耳利于行。"即使是再难移的本性，我们都应该学习古人那样"纳谏除弊，修明政治"。

正如歌德所说："谬误和真理如同睡眠和觉醒一样是相反相成的。我曾注意到有人一旦从错误中醒悟过来，就像睡醒一样又精神焕发地转向真理。"每个人的一生中都会犯各种不同的错误，可正因为这样，我们才能更快成长、成熟。我们在错误中得到了学习，我们在错误中取得了成功。

史蒂芬·葛雷是当代著名的科学家，他诚实的品格和认真的工作态度广受业界的推崇。曾经有记者去采访他，问："为什么对待工作如此严谨、认真，而且比一般人更为努力地进行各种尝试?"

史蒂芬·葛雷回答说："这与我 2 岁时，妈妈教给我的正确对待错误的经历有关。"记者感到很纳闷，"正确对待错误的经历会影响一生?"

"是的，这确实是真的!"史蒂芬·葛雷为记者解除了心中的疑惑。

史蒂芬·葛雷说道："2 岁时，我曾尝试着从冰箱里拿出一瓶牛奶，可瓶子很滑，我没拿住，一不小心就掉在地上了，牛奶洒得满地都是。我心想，这次真的完了，妈妈一定会骂我。可是，出乎我意料的是，妈妈听到声音，到厨房后，发现满地是牛奶，不但没有责怪我，反而，她说：‘哇，史蒂芬·葛雷你太能干了，竟然能把奶瓶摔成这样，我还没见过这么大的奶水坑呢！在我清理之前，你要不要在牛奶里玩几分钟？’这可把我高兴坏了。我还从来没跟牛奶玩过呢！不一会儿，妈妈把牛奶清理干净了，对我说，‘史蒂芬，你拿奶瓶的实验错误了，让我们一起来看一看，你为什么拿错了吧。你拿个瓶子装满水后，再看看用手能不能拿得动。想一想，怎么拿，才最省力。’后来，我发现，如果用双手抱住瓶子，它就不会掉了。多年后，我对自己说，‘不要害怕错误，错误是学习的好机会’。”

犯错误并不可怕，可怕的是不敢犯错误、害怕犯错误。人生最有价值的错误莫过于：前车之鉴，后事之师。改正错误不是最终目的，积累错误，整理错误，分析错误，改正错误，最终的目的就是从错误中汲取经验、教训，然后使自己不断成长，从而实现自己的价值。

俗话说：“吃一堑，长一智。”没有谁不犯错误，所以永远不要害怕错误。只有什么都不去做才会不犯错误，想要成功一定会犯错误，只要勇敢面对错误并改正错误，直到少犯错误，甚至不犯错误，那么，成功就会向你走来。

陆宣公说：“聪明的人改过就迁向于善，愚笨的人耻于过而趋向是非。迁向于善则德行日新，趋向是非则罪恶日积。”在日常生活、工作中，对待错误，切莫文过饰非，讳疾忌医，要做到：早知道，早改过，才能轻装上路。

# 第四章 知其所止

本章阐述的是“知其所止”的主旨。作者通过引用《诗经》上的语言用来说明，每个人都应该知道应该“止”的地方，找准自己的位置。用今天的话来说，就是要懂得给自己定位，道德思想方面的“定位”，社会方面的“定位”等，这一点，说起来容易，做起来就难了。要知道，天地芸芸众生，随波逐流，有多少人终其一生都不知所“止”，尤其是在当今的社会中，生活中处处充满了诱惑，可供选择的机会也越来越多，人们“所止”的地方也越来越多，所以人的困惑也就越来越多了。对于此，本段则给了我们明确的方向，告诉我们应该“所止”的方向。

## 原文

《诗》云：“邦畿千里，惟民所止①。”《诗》云：“缗蛮黄鸟，止于丘隅②。”子曰：“于止，知其所止，可以人而不如鸟乎?”

《诗》云：“穆穆文王，於缉熙敬止③!”为人君，止于仁；为人臣，止于敬；为人子，止于孝；为人父，止于慈；与国人交，止于信。

《诗》云④：“瞻彼淇澳，菉竹猗猗。有斐君子，如切如磋，如琢如磨。瑟兮僩兮，赫兮喧兮。有斐君子，终不可諠兮!”“如切如磋”者，道[5]学也。"如琢如磨"者，自修也。"瑟兮僩兮"者，恂慄[6]也。"赫兮喧兮"者，威仪也。"有斐君子，终不可喧兮"者，道盛德至善，民之不能忘也。

《诗》云："於戏，前王不忘[7]！"君子贤其贤而亲其亲，小人乐其乐而利其利，此以没世[8]不忘也。

## 注释

①邦畿千里，惟民所止：本句出自《诗经·商颂·玄鸟》。邦畿（jī）即指都市及周围的地区。止，通"至"，停留、居住、栖息的意思，这里是指居住的意思。

②缗蛮黄鸟，止于丘隅：本句出自《诗经·小雅·绵蛮》。缗蛮，即绵蛮，指鸟叫声。隅指角落。止是栖息的意思。

③穆穆文王，於缉熙敬止：本句出自《诗经·大雅·文王》。穆穆具体指仪表美好端庄的样子。於读（wu），叹词。缉，继续的意思。熙指光明。止，作语助词，无意义。

④《诗》云：本句诗出自《诗经·卫风·淇澳》。淇，具体指淇水，在今河南的北部。澳读（yu），水边的意思。斐，文采。瑟兮僩（xiàn）兮，指庄重而胸襟开阔的样子。赫兮喧兮，指显耀盛大的样子。

⑤道：说、言的意思。

⑥恂慄：恐惧，戒惧。

⑦於戏！前王不忘：本句出自《诗经·周颂·烈文》。於戏（wūhū）同"呜呼"，叹词。前王：指周文王、周武王。

⑧此以：因此。没世：去世。

## 译文

《诗经》上说："京城及其周边的地方，都是百姓为之向往的。"《诗经》又说："一种'绵蛮'地叫着黄鸟，栖息在山冈上。"孔子说："连黄鸟都知道该栖息在什么地方，难道人连鸟儿都不如吗？”

《诗经》说：“文王品德高尚，为人光明磊落，做事始终庄重谨慎。”身为国君，要做到仁爱；身为臣子，要做到恭敬；身为子女，要做到孝顺；做父亲的，要做到慈爱；与他人交往，要讲诚信。

《诗经》说：“那弯弯曲曲的淇水岸边，嫩绿的毛竹繁茂葱葱。有一位德才兼备、宽厚温和的君子，研究学问如加工骨器一般，不断地切磋；提升自己的修养如打磨美玉一般，反复地琢磨。他庄重而又开朗，仪表堂堂。这样的一个文质彬彬的君子，真是令人难忘啊！”这里所说的“如加工骨器，不断切磋”，指的是做学问的态度；这里所说的“如打磨美玉，反复琢磨”，是指自我修炼的精神；说他“庄重而开朗”，是指他内心谨慎而有所戒惧；说他“仪表堂堂”，是指他非常威严；说：“这样一个文质彬彬的君子，可真是令人难忘啊！”是指由于他品德非常高尚，已经达到了完美的境界，实在令人难忘。

《诗经》说：“啊，（像周文王、周武王等）前代的国君真是令人难以忘怀啊！”这是因为君主贵族们能够以前代的君王为榜样，尊重贤人，亲近亲族，就连一般的百姓都能够承蒙他们的恩泽，享受安乐、获得好处。所以，虽然前代君王已经去世了，但人们却永远不会忘记他们。

## 经典解读

本段主要讲的是《大学》宗旨“在止于至善”的实现方法。一个人首先要懂得“知其所止”，即知道自己该停在什么地方，接下来才能谈“止于至善”的问题。

本章开篇说，“邦畿千里，惟民所止”指大都市和其郊区是人人都向往的地方，但这只是人的身体所栖息的地方。接下来讲黄鸟尚且知晓为自己找一个栖息的地方，人更要“知其所至”，知道自己该落脚的地方。第一段告诉我们，人要知道自己身体所要栖息的地方。但这并不是曾子的所指，曾子的本义是让人明白精神的“所止”，即为“在止于至善”。当然要达到这种“至善”的境界，就要通过“如切如磋，如琢如磨”的研修而达到“盛德至善，民之不能忘也!”，即最终成为流芳百世的道德楷模!

在今天看来，曾子所倡导的道德教育目标——修养身心，追求完善，得以流芳百世似乎有些理想化了。对于普通人来说，尤其对于当下的我们来说，这个目标显得似乎有些渺茫，但仍旧具有极深的启发意义。曾子倡导人们“知其所止”，就是知道自己应该“止”的地方或方向，找准自己的目标或社会位置。这一点说起来容易做起来就显得有些困难了。

但是世间芸芸众生，熙熙攘攘，多少人随波逐流，终其一生而不知所止。尤其在当今社会高速发展的时代，生活中处处充满了机会甚至诱惑，人们可供选择的也太多，这给人们带来机遇的同时，也给人的心灵带来了种种困惑。比如，在过去的时代，人们所倡导的正途是读书，正所谓“万般皆下品，惟有读书高”。所以，当时的读书人心态平衡，还“知其所止”，知道自己该干什么。但是随着社会的发展，尤其是市场经济的到来，所谓“下海致富”的种种诱惑叩击着人们的心灵，许多知识分子都被推到了生活的十字路口。自己该何去何从？所止何处？许多人甚至都不知道自己该干些什么了。精神的流浪，让许多人找不到人生的方向，只能浑浑噩噩、碌碌无为地度日。

其实，就如本章说的：“为人君，止于仁；为人臣，止于敬；为人子，止于孝；为人父，止于慈；与国人交，止于信。”君、臣、子、父、国等不同的人都该各有其“所止”。一个人也只有准确地为自己定位，确认自己的身份和位置后，在自己的职位上恪尽职守，整个社会才能更安定和谐，这对当下的我们仍旧具有现实的指导意义。

**哲理引申**

## 心若找不到栖息的地方，到哪里都是在流浪

《大学》告诉我们，每个人都要“知其所止”，无论是身体的，还是

精神方面的都要知道自己的归宿在哪里。但在现代社会中，越来越多的人，尤其是在大城市漂泊的年轻人，常会感到迷茫，不知道自己的归宿在哪里。他们会叹息，城市中灯火辉煌，却始终没有一盏灯为自己而亮；他们会感慨，虽然身在此处，但它于你始终是一个融入不了的居所；他们偶尔也会困惑，历经奋斗有了票子、房子、车子，精神方面的“所止”却不知道在哪里……他们内心无助，缺乏安全感，未来发展茫然，不知哪里才是最终的归宿，渴望安全却又手足无措。

有一句话说，心若找不到栖息的地方，到哪里都是在流浪。意思是说，一个人若在精神方面“不知其所止”，那么，他无论身体“所止”的地方有多么好，那也只是在流浪。可见，一个人若心灵或精神方面有归属感了或者能安住自己的心，即使你一无所有，也能坦然接纳环境，因为心在哪儿，家就在哪儿！

今年43岁的张慧与丈夫从吉林农村老家来北京已经7年多了，两人先后做过清洁工，又做过家政服务，卖过小饰品。如今，夫妻二人在一家写字楼附近开了一家快餐店。

开快餐店是很辛苦的工作。两口子每天早上都起早贪黑，近3年的时间，几乎没有按时吃过早饭和晚饭。为了多赚钱，两人天不亮就起床到蔬菜批发市场进菜，然后是回家择菜、洗菜，再配菜，做成各式各样的菜品。晚上忙到很晚才收工回家睡觉。

张慧家的快餐品种多样、服务热情，所以每天的生意都很火爆。每天中午光顾的多数都是老顾客，所以大家都亲切地称她为“张姐”。而且张慧性格开朗、待客热情，勤劳朴实，在他们两口子的身上可以看到一股生活的力量。

今年春节前，张慧与丈夫用这几年积攒的钱到吉林买了一套二手房，把农村的孩子、老人都安顿到城里上学、养老。与外人每说到此，张慧心中就充满了成就感，她对自己当下的状况非常满意。

对于未来的生活，他们认为只要身体允许，还会支起这个摊位，虽然辛苦点，但是很快乐。张慧说："每天起早贪黑地干活确实是挺辛苦的，但是靠自己的劳动赚钱，虽然没有大能耐，还是很知足的。"对于张慧夫妇来说，辛苦忙碌感受生活的力量，就是最大的幸福，也是生活所回馈给他们内心的踏实和安定。

"我不需要挣很多钱，也不需要多高的社会地位，一家人只要健健康康的，能脚踏实地地在一起过好日子，我就心安了。在北京这么多年，我从未感到自己在漂泊。"张慧这样说。

张慧夫妇的经历给了我们这样的启示：一个人只要内心是安定的、踏实的，身体在哪里，哪里就是家。相反，一个人若精神没有了归宿，历经奋斗即便有了房子、车子、票子，但内心却仍旧难以有归宿感。自己的人生，始终掌握在自己的手中，你会是"传奇的辉煌"还是"人生的悲剧"，全是自己内心的问题。心安则幸福，心无所依靠，则感到迷茫。也就是说，我们要"知其所止"，就先要懂得为心灵安个家，即我们平常所说的心安。真正的心安就是无愧于天地，无愧于人世，无怨无悔，无仇无恨，无非分之想，无难消之痛，如大山矗立，风雨不动，如深潭之静，波澜不惊。心安的人吃饭香，不一定要山珍海味，心安的人睡觉甜，用不着什么金屋龙床，即使是面对人生的苦难，心安，连苦难也淡化了。

世界上没有什么比心灵带给你的安宁更能使生命之花开得绚烂多彩，没有什么比心灵的安宁更能够使生活变得幸福和美好。千万不要让贪婪的野草在心田中疯长，那样，你的心灵空间就会变小，再也生长不出美丽的花朵；不要让魔鬼的黑风吹动了你的心旌，那样你的生命便会像一只没有罗盘的航船，很容易就会触礁沉没。

有这样一个寓言故事：

在一个大大的花园中，有很多种植物。冬天快到了，主人在花园中散步。他看到园中的花草树木全部都枯萎了，只有细小的心安草茂盛地生长着。

原来，橡树因为没有松树那么高大挺拔而轻生，松树因为自己无法像葡萄那样结出许多果实忌妒而死，葡萄则哀叹自己终身都匍匐在架子上不能直立，其余的花草则都因为自己的平凡而无精打采。主人看到平凡到再也不能平凡的心安草，便问道："其他的植物都枯萎了，为何你却生长得这么好呢?"心安草则这样回答："那是因为我不自卑，一点都不灰心失望，也没有什么非分之想，我只想好好地做一棵心安草。"

其实，要想心安，就要常思贪欲之祸。中国古人云，储水万担，用水一瓢；广厦千间，夜卧六尺；家财万贯，日食三餐。西方哲理伊索亦云：有些人因为太过贪婪，想得到更多的东西，结果却将自己最大的福气给弄丢了，内心也只有迷茫了。

## "顽石"只有打磨后，才能变成"美玉"

《诗经》有语："如切如磋，如琢如磨。"曾子借做玉石的方法来喻指一个人研究学问、提升修养应具备的方法或应具备的态度，也从侧面告诉我们，一个人只有经过不断地打磨，才能变成"美玉"般的彬彬君子。关于此句，国学大师南怀瑾也有自己的看法。他说："如切如磋，如琢如磨讲的是做玉石的方法，如莲花的玉石，最初是桌面大的一块石头，买来以后，先将它剖开，里面也许能有几百个戒指面，也许只有十个八个也说不定。做玉器的第一步，用锯子弄开石头叫剖，也就是切；找到了玉，又用锉子把石头的部分锉去，就是第二步手术叫磋；玉磋出来了以后，再慢慢地把它雕琢，琢成戒指形、鸡心形、手镯形等一定的形式、器物，就是琢；然后又加上磨光，使这玉发出美丽夺目的光彩来，就是磨。切、磋、琢、磨，这就是譬喻教育。一个人生下来，要接受教育，要慢慢从人生的经验中，体会出来，学问进一步，功夫就越细，越到了后来，学问就越难。"在这里，南怀瑾大师其实是告诉我们，无论人生也好，做学问也罢，都需要切磋琢磨，方能成"玉"。做人也是如此，一个成功的人必然也是要经过打磨的。这里说的打磨并不仅仅是指身体上的，也是指心理上的。玉石不经打磨成不了美玉，而人不经历一些困难、挫折的打磨也成不了才。看看那些成功的案例你就可以看出，每个成功的人都是被雕琢过的。经历的打磨越多，获得的成就也就越大。

无论是什么样的人都需要经历磨难，都需要打磨才能取得成就。即便是从小天资聪明的人，也需要磨炼，要不然长大之后也只能是一个庸才而已。

《伤仲永》一文中说仲永 5 岁时，便能指物作诗，被邻里乡亲视为神童。不断受到邀请，甚至还有人花钱请他题诗。他的父亲看到有利可图，每天拉着他四处拜访同县的人，不让他学习。这样年复一年，最后仲永的才能完全消失，成为一个普通人。

像仲永这样即便是天生聪明、才智过人的人，没有后天的努力，到最后也会成为平凡人；而原本平凡甚至愚笨的人，只要能不断磨砺自己、刻苦努力追求进步，最后也能成为了不起的人才。

一个天资聪颖的小男孩，从小到大一直很出色，后来以高分考上了一所名校，他对自己的前途充满了信心。在别人看来，这个孩子也一定能成就一番大事。大学毕业后，他被分到一家不太景气的企业，待遇不好，他上了两年班就辞职创业，开了一家商店，但是由于经验不足，又加上资金周转的问题，商店经营一直不顺，最后他放弃了经商。

虽然他经商不顺，但后来在一家知名企业招聘管理人员时，由于他有活跃的思维、丰富的经历、朋友的引荐，他在众多应聘者当中脱颖而出。企业工作清闲，待遇很好，收入高，也没有什么压力，在这样轻松的工作环境中，他感到十分惬意。他每日都心安理得地过着轻松自在的生活，工作上日复一日没有什么创新。一年以后，以前的同学见到他，都说他有些变了。

光阴似箭，十年过去，当同学再聚会时，大家见到了他，都很吃惊。他和以前相比简直就像换了一个人，不仅没有精神，而且说话办事死气沉沉，慢慢吞吞，过去那种充满活力、朝气蓬勃的精气神消失殆尽。过

**去了这么多年，他还是一个普通的职员，而他不少同学经过艰苦打拼都取得了不小的成就。**

一个没有经历人生磨炼的人，他的人生走起来可能四平八稳，但是他没有了上进的心，会错失生活中很多的精彩。这样的人，注定只会平庸。在安逸的环境里失去自我，最终一事无成，使自己的人生暗淡无光。

生活里充满智慧与学问，只有用心去领悟，才能体味到自在的真谛。生活，它就像一本大书，只有用心去读，才能品味到生活处处有学问，处处有真理。只有感悟了生活中的真理，眼光才能看得更远，才能懂得生活中的诀窍，才能活得自在、洒脱、游刃有余。

做人如同打磨玉石一样，无论表面怎样，经过琢磨，都会呈现美丽的纹理。人生是要经过磨炼的，不经过反复磨炼，就会使自己永远停留在原始的状态。无论在怎样的环境里都要精心琢磨，否则就不可能改变自己的人生，创造自己的价值。修炼与磨砺都是正身的过程，戒与慎则是正身的方法。“一苦一乐相磨炼，炼极而成福者，其福始久；一疑一信相参勘，勘极而成知者，其知始真。”

## 你可以暂时迷茫，但绝不能迷途

现代社会，因为社会的快速发展，很多人尤其是年轻人都不“知其所止”，长时间地处于迷茫的状态中，不知道自己的未来在哪里，更不知道自己的人生该去向哪里。在这浑浑噩噩的状态中，人也变得越来越颓废，缺乏奋进的目标，每天都是无所事事。

要知道，你生来就背负着家庭和生活的重担！别把所有的时间都浪费在碌碌无为之中，如果你一味地颓废，可能连最终的机会都会丧失！对于处于人生起步阶段的年轻人来说，最初的迷茫，会造成10年后的恐慌，20年后的挣扎，甚至一辈子的平庸。为此，我们要尽早地让自己走出困惑、迷惘的状态，否则，你将会无颜面对10年乃至20年后的自己，只会让自己平庸一生，痛苦一生。

无论你是刚毕业的大学生，还是初入职场者，你都必须要找到自己的信心，树立目标，然后去加倍努力。否则，你就会一辈子浑浑噩噩，无所作为。

有位年轻人，毕业后一直庸庸碌碌，无所事事，在普通的岗位上疲于应付，浑浑噩噩地混日子。几年后，仍旧一事无成。看到周围的人个个都事业有成，感到很挫败，就到一位成功人士那里去找寻成功秘诀。

那位成功人士了解了他的现状后，认真地对他说："你从未认真地做过一件事情，认真地对待你的工作，怎么会有所成就呢?"随后，这位成功人士看着他，就对他说道："世界上共有四种马：第一种是绝等的良马，主人为它配上马鞍，套上辔头后，它奔跑的速度快如流星，能够日行千里。尤其可贵的是，当主人一扬起鞭子，它只要见到鞭影，便能够知晓主人的心意，迟速缓急，前进后退，都能够把握得恰到好处。这就是深受世人称赞的能够明察秋毫的一等良马。

"还有一种马也是好马，当主人的鞭子抽过来的时候，它看到举起的鞭影，但是它不能马上警觉。等到鞭子扫到了它尾巴的毛端时，它才能够知晓主人的意思，便会马上向前奔驰飞跃，这也算得上是反应灵敏、矫健善走的好马。

"第三种则是一种庸马，不论主人多少次扬起鞭子，它看到扬起的鞭影，不但不能迅速地做出反应，甚至等皮鞭如雨点般地抽打在它的皮毛上，它始终都无动于衷，反应极为迟钝。等到主人鞭棍交加，将皮鞭落到它的肉躯上时，它才能够察觉到，然后才会顺着主人的命令向前奔跑，这等马是后知后觉的庸马。

"第四种则是一种驽马，当主人扬起手鞭之时，它也视若无睹；即便是将鞭棍抽打在它的皮肉上，它也仍旧毫无知觉。直至主人盛怒至极，它才能如梦初醒，放足狂奔，这种马是愚劣无知的驽马，因为它的冥顽不化，最终不受人喜爱!"

那位成功人士说到这里，突然就停顿下来，眼光极为柔和地扫视着年轻人。看到年轻人聚精会神、若有所思的样子，才继续说道："知道吗？这四种马分别对应的是四种不同的人。第一种人看到自然无常变异的现象，生命陨落的情况，便能够悚然警惕，奋起直进，努力去创造一个崭新的生命。第二种人则是看到世间的变化无常，看到生命的大起大落，也能够及时地鞭策自己，从不懈怠。第三种人则是等看到自己的亲友经历，看到颠沛流离的人生，经历过死亡的煎熬后，非要等到亲尝到鞭杖的切肤之痛后，方能幡然大悟。第四种是当自己病魔侵身、风烛残年的时候，才悔恨当初没有及时努力，在世上空走了一趟。就像第四种马，非要受到彻骨的剧痛后，才知道奔跑，然而，一切却已经都晚了！"

四种马代表了四种不同的人，我们要想不让自己沦落为第四种马的悲惨结局，就要及早走出迷惘的状态，尽早找到自己的人生方向，这样才能时刻激发自己不断前进，才不至于在一切都结束的时候，才去懊悔人生的虚度！

一个人最可怕的行为，就是丧失了理想，没有了进取心，总在迷惘中虚度自己的一生。在人生的起步阶段，迷茫与困惑谁都可能会经历，恐惧与逃避的念头谁都曾经有过，但是切勿将迷惘和困惑当成自我放弃、甘于平庸的借口，更不要成为自怨自艾、祭奠失意的苦酒。生命需要自己去承担，命运需要自己去把握。在人生的起步阶段，越早找到方向，越早走出困惑，就越容易在人生的道路上取得成就、创造精彩。无头苍蝇找不到方向，才会四处碰壁；一个人找不到出路，才会在迷茫和恐惧中度过。

无论你处于什么样的位置，永远都要记住，只有树立自己的理想，找到属于自己的奋斗方向，做出真正的成绩，才能够切实地体会到生命的本质，才可以让人生过得有意义。我们可以在经济上贫穷，但绝不能让自己在精神上打折。所以，我们要时刻反省自己是否处于碌碌无为的状态之中，是否也甘愿长期生活在安逸之中，尽早让自己从迷惘的状态之中觉醒，让自己在创造与奋斗之中感受到生命的真正精彩！

## 为自己准确定位

在现代社会中，一个人若要“知其所止”就要懂得给自己的人生准确定位。不会定位，将来的人生就会没地位；定位不准，将来一定会活得很累。所以说，在年轻的时候，我们就应该明白什么是自己想要的，自己适合什么样的行业或岗位等。

当然了，要给自己准确定位，为自己选择合适的行业或岗位，首先要考虑的因素是自身的性格与兴趣。一个人只有在充分认识自己性格的基础之上，尽量选择那些可以最大限度地利用现有经验，并与自己的个性爱好相吻合的行业，才能拥有一份合适的工作，才能够充分发挥自己的知识和技能，从而能最大限度地获取人生财富，实现宏大的事业目标。

现实中，很多人都不是以自己的性格为基点去找工作，对自己性格中的巨大潜能视而不见，仅仅会为了所谓的“高报酬”、“面子”、“荣耀”等去选择一个不适合自己发展的职业。当最终一无所成时，还固执地认为机会不垂青自己，或者叹谓自己命该如此。

其实，职位或行业本身没有贵贱之分，三百六十行，行行出状元，能否在行业中成为“状元”，成为最后的赢家，关键看你起始的定位是否准确，能否在你所从事的行业或者岗位上发挥出你性格中的巨大潜能。

富兰克林说：“有事可做的人就有了自己的产业，而只有从事天性擅长的职业，才会给他带来利益和荣誉。站着的农夫比跪着的贵族要高大得多！”这就告诉我们，如果你的性格只适合在一些普通的岗位上做一些普通的事情，那么，你也一定尽力去做，要做得比别人好，要全力以赴、满怀热情，用自己独特的做事方法使一件普通的事情变成一件艺术，然后再将普通的工作开拓成一件有意义的事业。

同时，还要注意工作中所有的知识和细节，一定要全神贯注，百折不挠，平凡的成就属于拥有这种性格的人。你是否能做的最好，不取决于报酬的多少，身份的贵贱，而主要取决于你的心态是否有实现自我理想的强烈愿望，要看你的优势能否得以充分发挥。一些成功人士，都是从小事一点一滴积累，才创造了最好的自己。从茶馆小伙计做起的李嘉诚，从跑龙套做起的周星驰，当过鞋匠的拿破仑……决定成败的不是你从事的行业、职位，而是能否做一个最好的自己。

给自己准确“定位”，坚信自己的选择并不懈努力，到最后就一定能够获得成功。

在宾西法尼亚村，有一个卑微的马夫后来成为了美国一位著名的企业家，它叫查理·斯瓦布。他成功的秘诀就是：每提升到一个新的职位时，从来不会把薪水和位置放在心上，他注重的是与自己以前从事的职业进行比较，新职位是否有更大的前途，尤其是否对个人成长有帮助，所以，在任何职位上，他都能够兢兢业业，工作极为专注。

其实，斯瓦布出生在贫苦的家庭之中，没受过什么教育，14 岁的时候就在山村中赶马车。17 岁时，就谋得了另外一个工作，每周只能够获得 20 美分的报酬。然而，他仍旧留心找其他的发展机会，不久一个工程师来招工，去一家钢铁公司的一个工厂去做工人，每天能获得 1 美元的报酬。在做工人的时候，他兢兢业业，曾经自信地说道：“终有一天，我会做这家公司的总经理，我一定能做出一番大的成绩来，让老板主动提拔我。我不会去计较报酬的多少，薪水的高低，只会拼命地工作，使我的工作能力和工作成效，远远地超出我的薪水。”有了这样的决心，他每天就只是抱着乐观的态度，充满信心地努力工作。

果然，没过多久，他就被提升为建筑部门的技师，接着又升任部门的总工程师。25 岁的时候，他就当上了那家房屋建筑公司的总经理。40 岁时，他就擢升为公司的总经理。

其实，斯瓦布的成功秘诀只有一个，那就是每次到一个新的职位之后，他总是以同事中最为优秀者为目标。他从未像一般人那样去为了报酬或薪水去应付工作。他自己也明白，一个人只要有决心，肯付出努力，不畏艰难，就一定可以成为极为成功的人。所以，只有在最适合自己的岗位上，踏踏实实，精益求精，不妄想一跃成功，保持乐观的心态，终有一天会取得巨大的成功。

斯瓦布的成功就在于他能准确地找准适合自己的位置，并且还能在自己的岗位上脚踏实地，付出努力。然而，现实中的我们并不是都像斯瓦布那么幸运，在定位和择业上难免要犯错误，然而犯错误并不可怕，可怕的是我们对自己所犯的错误始终不予理会，依然盲目地前进。

对一个人来说，究竟什么是最好的工作？适合自己的就是最好的。其实，对于自己想要什么，自己内心最清楚，周围人的意见并非那么重要。

关于此，HP 大中华区总裁孙振耀在自己的退休感言中这样写道："很多人在择业的时候，总是会受他人影响，亲戚的意见，朋友的意见，同事的意见……问题是，你究竟是要过谁的一生？人的一生不是父母一生的续集，也不是儿女一生的前传，更不是朋友一生的外篇，只有你自己对自己的一生负责，别人无法也负不起这个责任……"在关于什么是最好的工作时，孙振耀这样写道："真正的好工作，应该是适合你的工作，具体点说，应该是能给你带来你想要的东西的工作，你或许应该以此来衡量你的工作究竟好不好，而不是拿公司的大小、规模，外企还是国企，是不是有名，是不是上市公司来衡量。小公司，未必不是好公司，赚钱多的工作，也未必是好工作。你还是要先弄清楚你想要什么，如果你不清楚你想要什么，你就永远也不会找到好工作，因为你永远只看到你得不到的东西，你得到的，都是你不想要的。"

成功源于恰当的选择，人生在于果断放弃。所以，在给自己准确定位的时候，我们不要过于计较所谓的"薪水或报酬"、"面子"、"他人的意见"、"荣耀"等，而是要选择那些最适合自己发展的职业，这是你人生成功的起点。

可以这么说，一个人在最初选择的行业或者岗位，直接决定着他一生的高度。你能否成功，在某种程度上取决于自己是否能够真正地认识自己的性格，给自己一个正确的评价，这就是定位。你给自己定位是什么，你就很可能会是什么。定位决定人生，定位也能改变命运。

# 第五章 知本

本章阐述了“抓住事物根本”的主旨。作者引用孔子审案的话，用来说明人在办事的时候，一定要抓住事物的根本，然后再去着手处理，可以一劳永逸地解决问题。作者借助这个道理，旨在向我们传达这样的宗旨，修身为本，而齐家、治国、平天下只是末。也就是说，人只有通过提升自我的修养，才有资格和能力去实现“齐家、治国、平天下”的理想或者梦想。这也是《大学》一书为大家所倡导的本质所在。

## 原文

子曰：“听讼[1]，吾犹人也。必也使无讼乎！”无情者不得尽其辞[2]。大畏[3]民志[4]，此谓知本[5]，此谓知之至也。

## 注释

①听讼：听诉讼，即审理案子。子曰句引自《论语·颜渊》。孔子曾经做过鲁国的司寇，相当于大法官一类。

②无情者不得尽其辞：使隐瞒真实情况的人不能够花言巧语。

③畏：敬畏，尊重。

④民志：民意，民心。

⑤知本：知晓了根本。

**译　文**

孔子说："听诉讼审理案子，我也和别人一样，其目的在于使诉讼不再发生。"使隐瞒真实情况的人不敢花言巧语，使人心畏服，这就叫作抓住了根本，这就称为理解到了极致。

**经典解读**

本段是把孔子对待诉讼的案例拿出来说明"物有本末，事有终始"的道理，强调凡事都要抓住根本。曾做过司寇的孔子审理案件的根本目的就是无讼。无讼有两层意思，一是诉讼双方经过孔子的审理，都心服口服，不再上诉。二是通过及时有效地审理诉讼，使公平得到伸张，让是非判断有了准绳，由此使诉讼数量降低，直到没有诉讼为止。这是司法的最高境界。

这一段本质上是曾子借助孔子诉讼的话来阐发"审案"只是手段，或者说是"末"，使人心服口服不再犯案才是"本"。说到底，这是一个教化与治理的问题，教化是本，治理是末。正是由此出发，我们才能够更深刻地理解《大学》的宗旨，修身为本，而齐家、治国、平天下只是末。也就是说，人只有通过提升自身修养，才能实现"齐家、治国、平天下"的理想或梦想。本末关系如此，事物的因果关系也一样。从哲学命题的角度来看，本末是本质论，终始是发展观。这也是《大学》为大家所倡导的本质所在。

**哲理引申**

## 抓住问题的根本

"物有本末，事有始终"，凡事都要懂得抓住事物的根本，是《大学》所教导我们的。

有这样一个故事：

一天，一个动物园管理员发现松鼠从笼子里面跑出来了，经过几番周折，才把它们又重新关进去。对于这个问题，管理员召集全体人员开会讨论，大家一致都认为笼子的高度太低了，松鼠也长大了，所以才会逃跑。所以，管理员就命人将笼子的高度加高。

结果在第二天，他们还是发现松鼠跑到外面来了，所以他们又决定再将高度加高。没承想，接下来的一天又看到松鼠全跑到外面了。于是管理员们大为紧张，决定一不做二不休，将笼子的高度加高到 3 米。

这一天，猴子和几只松鼠们在闲聊，“你们看吧，这些人会不会继续再加高你们的笼子呢?”猴子问。

“很难说。”松鼠说，“如果，他们再继续忘记关门的话!”

现实生活中，很多人都是如此，只知道有问题，却不懂得去仔细分析问题的根本在哪里，眉毛胡子一把抓，结果是治标不治本或者根本解决不了问题。

在美国华盛顿杰斐逊纪念堂前，有一堆造型极为别致的石头。

但是，从一开始这堆石头就被腐蚀得很厉害。在很长的一段时间里，这成了纪念堂清洁维护部门大伤脑筋的问题。

这一天，一位年轻的清洁工被叫到了主管领导的办公室。其实，这位清洁工已经找到了解决问题的办法。看着领导，清洁工平静地说道：“我想我已经找到解决问题的关键所在了。”领导极为疑惑地望着他说：“是吗？那你告诉我为何石头会腐蚀呢?”

“很显然，这是因为维护人员过度频繁地清洗石头。”清洁工答道。

“这里为何需要这样频繁地清洗?”领导问。

“亲爱的先生，你难道没看到那些经常光临的鸽子留下了太多的粪便吗?”清洁工回答道。

“那为何有那么多的鸽子来这里呢?”领导继续问道。

“当然，这里有足够多的蜘蛛可供它们觅食。”

“蜘蛛为什么都往这里跑，而不往其他地方去呢?”

“因为……每天傍晚，这里有许多飞蛾。”清洁工答道。

“很好，”领导神秘地笑了笑，“那么，我们是否想过，为何这里会有如此多的飞蛾呢?”

“哦，这个我倒从来没想过，应该是……是黄昏时纪念堂的灯光吧!”

领导顿时豁然开朗，他便立即命令推迟纪念堂的开灯时间。没有了灯光，飞蛾就不会光顾；飞蛾少了，蜘蛛也渐渐消失了，鸽子也就很少来了……

一个困扰了人们多年的难题，就这样被轻而易举地解决了。

爱因斯坦说，将一个问题准确地界定，就等于解决了问题的一半。无论是解决工作中的各种问题，还是发明创造，经营实业或者是做更大的事业，准确地界定问题，分析问题的关键，都是有效解决问题的前提。相反，如果遇到问题，抓不住问题的关键，即便我们再努力，也可能会不得要领、收效甚微。

抓不住问题的根本或关键，我们也只能盲目地从一个旋涡进入另一个旋涡，我们对事业的追求也就只能在较浅的层次上面蹒跚而行，永远也难以进入人生发展的快车道。

## 给管理者的建议：悉心教化大于严厉管制

曾子引用曾在鲁国做过司寇的孔子审理案件的事例说明，悉心教化大于严厉的管制。这给我们当下的管理者以这样的启示，在管理中，悉心教化能让人心服口服地遵从于你，从而从根本上杜绝管理问题的产生。而严厉管制只会让人口服心不服，对解决管理难题只是“治标不治本”。

张敏是上海一家电子厂的后勤部部长，有一天中午，她在食堂看到一位女工打饭没有排队，便当场斥责了她，并随口说出：罚款50元，并且还限下班之前将罚款交上。到第二天下午，女工仍未交罚款。于是，张敏便以不遵守纪律，无素质等理由将那位女工的事例在广播里进行了通报批评，并加罚100元。限定在下午下班之前必须交上，否则给予开除处理。

女工听罢后，便气呼呼地去找厂长，问她依据什么规定这样处罚和加罚，工厂制度里有这样的规定吗？《劳动法》上有这样的开除规定吗？厂长了解到情况之后，给了张敏以批评和教育，并对女工进行了道歉。

如果张敏能够耐心地对女工说不排队给他人带来的不方便行为，不当扬斥责，并根据厂规有理有据地对其进行教育，那么，可能也不会出现那样的后果了。

刘霞是一家建筑公司的设计师，平时有事没事就会到工地去检查。有一次，她去施工工地检查工作，发现有的工人没有戴安全帽，因为不戴安全帽属于违规行为，于是马上批评那些施工人员，同时命令大家戴上安全帽。

虽然受到批评的工人，按照她的要求戴好了帽子，但是一个个显得不悦，等她离开后，便又将帽子拿掉以示反抗。

刘霞觉得这样不行，但是自己又不能失职，于是开始转变自己的行为方式，当她看到有工人不戴安全帽时，就不再批评大家了，而是问道："是不是帽子戴起来不舒服，还是帽子的尺寸不合适？如果不合适的话，我想办法帮大家换一个吧。"

并且还时不时地提醒工人戴安全帽的重要性，然后要求他们在工作的时候最好戴上。这样一来，效果比以前好多了，也没有工人显得不高兴了。

刘霞最初对工人的批评是以一种敌对的态度，之所以能够暂时地让大家改正，完全是被逼迫的。后来以一种关心的方式，来委婉指出大家的不对，充满了对大家的关心，使得工人们渐渐主动地听从了她的建议，慢慢改正了自己的行为。可见，管理是一门艺术，仅靠权力去"压制"对方，是不能从根本上杜绝下属的不正确的行为的，只有采用温和的方式去教化他们，让他们心服口服地顺从，才能从根本上解决管理问题。当然了，在管理过程中，要更好地教化下属，让下属对你心悦诚服，最好的办法就是身先士卒，给员工做表率。

孔子说："其身正，不令而行，其身不正，虽令不行。"意思就是说，管理者自身的修养就是一道无声的命令，能够让下属甘愿为其效力。裴矩曾侍奉过隋炀帝和唐太宗两位君王，《资治通鉴》中评价他道“佞于隋而忠于唐”。之所以有这样的评价，就是因为君主不同，明君造就了忠臣，唐太宗就是一位优秀的领导者，用极高的修养使自己成为天下的表率。

据史料记载，有一段时间，唐太宗很担心属下的官吏有受贿的行为，就秘密派人向官吏们行贿，以考验他们是否收受贿赂。通过试验，其中一个官员收受了贿赂，唐太宗非常生气，下令要杀他。

这时裴矩对太宗说：“受贿者按律当死，然而陛下主动去行贿也不符合以德教化、以礼规范行为的准则。”唐太宗听了觉得很有道理，就高兴地说，裴矩当官力争，不看我脸色行事，如果每个大臣都这样，何愁国家得不到治理呢。

裴矩的话是在告诫太宗：作为一个统治者，要想使下属信服，首先要“正其身”，加强自身的修养。太宗能够欣然接受，充分表现了他能够克己的人身修养。

无论在哪个组织中，能“正其身”的管理者浑身都闪耀着一种人格魅力，会有形或无形、有意或无意地感染下属。如果管理者不能严于律己，却对员工要求严格，员工自然不会服从。自己的行为不能让员工信服，员工自然也就不会尽其所能，整个团队就会人心涣散，失去向心力和凝聚力，这样一来，自然就会影响团队的良性运作和健康发展。所以，要想成为一个优秀的管理者，首先就应该做到“正身”以感染员工，为员工树立榜样，让上进心强的员工主动仿效学习，让落后的员工自惭形秽，发挥领导“正身”的潜移默化作用。

现在社会中，企业管理者要在下属面前树立自己的威信，首先也应该“正其身”。那么，具体该从哪几个方面去做呢？

第一，做遵守制度的榜样。作为一个成功的领导者，无论何时都不可以凌驾于制度之上，只要领导者都遵守制度，下级自然就会认为其令人佩服，领导威信自然会形成。

第二，虚心学习，增长自身的才干。对于企业管理者来说，不仅要努力学习管理才能，还要学习本行业的各种技能，不当门外汉，同时也要学习法律、经济、心理学以及领导艺术等相关知识，以提高自己的综合素质。其综合素质越高，知识越丰富，能力越强，就越会受到大多数员工的敬佩，他们也自然会努力工作，追求上进了。

第三，与时俱进，更新自身的观念。领导要与时俱进，能够接受新生事物与新观念，不故步自封，不因循守旧，而且要有强烈的创新意识，对各种事物的看法要有自己独到的见解，这样才能使下属信服。

第四，博采众长，一专多能。领导不仅要有过硬的专长，而且也要有广泛的兴趣，要博学多才，这样才能受员工敬重。

## 使人口服不如使人心服

使人心悦诚服地接纳你或你的观点，是每个人都希望的事情。但是生活中很多人都会用“强硬”的方法企图使人信服，但结果却适得其反，不仅没能让人信服，而且还让人更加坚持自己的意见。关于此，卡耐基说，强势也许会让人口服，但善良的行为则会让人心服。可见，要使人心服，不能一味地采用“压制”的方法，而是要懂得采用善良的柔弱的办法，使对方对你心悦诚服。

有一位男子邀请了几位朋友到家中来做客，男子不停地抽着烟。他的妻子便轻轻地打开了窗户，没有一丝的言语。有一位朋友就悄悄地问他的妻子说：“你怎么不阻止他抽烟呢？抽烟对身体有害的啊！”

妻子听罢，笑了一笑，说道：“对他来说，抽烟是极为快乐的，如果他能活到 100 岁，我宁愿他只活到 80 岁，而不愿意他不快乐地多活 20 年。”

这话被那位男人知道了，他便毫不犹豫地戒掉了烟。周围的朋友问他为何这么快就戒掉了烟，他说道：“我有这么好的老婆，我为什么要选择少活 20 年呢！”

这是家庭女人与丈夫相处的一种智慧，用善良的“疼爱”让对方体会到甜蜜的感动和舒心的理解与宽容，它是一种平等的相处，一种自然情感的延续，它需要相互间的理解与尊重。可生活中却有很多女人在与丈夫相处的时候，往往会采用强硬的手段想让男人唯自己所从，但结果却激发了男人的“逆反心理”，起到相反的效果。所以，无论是在家庭中还是在工作中，甚至在危急的时刻，我们要想让对方心服于你，那就采用柔软或善良的方法，这是取得他人信赖的重要法则。

伊丽莎白是美国加州的一名教师，有一个假期，她开车在外地旅行。在路上，突然遇到了两个旅行者，他们与外界断了联系，只能靠徒步回城。好心的伊丽莎白了解情况后，便载他们同往。

两位男士上车不久，一位男士就拿出手枪让伊丽莎白交出身上的钱财。这突如其来的情景让她感到害怕，这两名可怜的旅行者原来是劫匪。在无奈下，伊丽莎白只好拿出身上仅有的300美元给他们，说道：“这是我身上所有的钱，全部给你们。如果不够，我皮包里还有一些零钱，也给你们。”说着就又掏出了几十元的零用钱递给歹徒。

这两名歹徒从来没有遇到过如此爽快的人，顿时感到不知如何是好。这时，伊丽莎白趁机说：“这么晚了，你们的家人应该很着急，我送你们回城，告诉我，你们的家住在什么地方？”这种充满温情的话让歹徒放松了警惕，把手枪收了起来。

眼看气氛越来越缓和，伊丽莎白又开始说话了：“我也是穷人家的孩子，从小就在加州一个贫民窟中长大。父母很早就去世了，我在学校只有发愤学习，才被一所不错的大学录取，后来，做了老师。虽然没什么钱，但日子过得还精彩，这种自食其力的生活，让我觉得很踏实。”

歹徒仍旧一声不吭，于是伊丽莎白继续说：“只要有脚有手，想要好好地生活，哪里会找不到一份工作呢，倘若一时冲动犯了错，一辈子可就完了。”到了歹徒指点的地点，两人正准备下车，伊丽莎白又说：“希望那点钱能够帮助你们，用它去租个房子找份工作，以后好好生活吧。”

歹徒被伊丽莎白的耐心和善良所折服，就把300美元还给了她，并说道："你说得很对，小姐，从现在起我们不再做类似的事情了，祝你好运！"说完，便急匆匆地走了。

在遇到危急情况后，伊丽莎白没有表现出惊恐和敌对，而是以同情的态度给予了他们以关怀和帮助，最终感动了歹徒，达到了说服的目的，可谓巧妙。这也给我们现代的管理者以启示。在团队中当出现居功自傲的下属时，管理者一定要私下里找他们谈话，要悉心地"教导"他们，帮助他们克服错误思想，让他们树立谦虚谨慎、积极进取的思想观念。对待他们的错误，管理者也一定要让他们明白，自己与其他员工一样，没有任何特权，都是在纪律的严格约束之下的。

管理者需要注意的是，对于员工的错误行为不能只靠权力，只靠命令来强制其改正，而要晓之以理，动之以情，只有这样才能使他们信服。如果他们一犯错你就对他们大发脾气，以教训人的方式去命令他们，只会激发对方的逆反心理，招致不服，甚至可能会使他们与你反目成仇，与你对着干，这样一来，就更麻烦了。

尉迟敬德很早就跟随李世民英勇作战，为唐朝的建立立下了汗马功劳。

唐太宗即位后，尉迟敬德仰仗自己是有功之臣，便自傲不羁，骄傲放纵，还经常盛气凌人。他的很多行为都招致了同僚们的不满，有人甚至告他有谋反之心，唐太宗对此并未轻信，将他找来询问真假。

尉迟敬德这样回答："臣跟随陛下周游四方，身经百战，有幸能够在无数的刀剑下逃生出来。现在天下终于太平，你觉得我们这些人还会再将自己置于刀剑下吗?"说完后将自己的衣服脱下扔在地上，露出身上的累累伤痕。唐太宗见状感动得直掉眼泪，连忙好言安慰了尉迟敬德一番，这才安抚了他。

然而尉迟敬德骄傲不羁惯了，平时骄纵成性，一时也很难改。

有一次，唐太宗大宴群臣，尉迟敬德与在座的人争论谁的功劳最大，不料与李道宗发生口角。一时性起，他殴打了李道宗并弄瞎了对方的眼睛。李道宗是李世民的叔父，唐太宗看到尉迟敬德如此无礼，十分不悦，下令草草结束了宴会。

李世民亲眼看到尉迟敬德在酒宴上行凶，回到寝宫后，长叹一声。随侍的人问他为何叹气，李世民深有感触地说道："我之前总是不能理解汉高祖为何在即位后要大肆屠杀功臣。我想，天下都是那些功臣打下来的，为何不能与他们共享荣华富贵呢？当时我就想，如果有一天我成为帝王，一定不会像刘邦那样，我要与一起打天下的功臣共荣辱，肝胆相照，绝不猜疑他们。如今看来是我一厢情愿，我现在才明白高祖狠心将韩信与彭越等人杀害，并非是高祖的过失呀！"

这番充满杀机的话很快就传到了尉迟敬德等人的耳中，这使尉迟敬德与那些平时喜欢居功自傲的大臣浑身吓出一身冷汗，这才意识到自己终究只是臣子，功劳再大也不能做出违规越礼的事情。从此以后，他们的行为大为收敛，不再仗势欺人，尉迟敬德更是足不出户，只在家养些歌女，安度晚年。

我们可以设想：如果李世民没有发出那番感叹，尉迟敬德很可能会愈加放纵，得意忘形之余犯下不可饶恕之罪。到那时，李世民就只能上演一出"挥泪斩马谡"的悲剧了。他就用如此简单的一句话，既唤醒了尉迟敬德的自知之明，使其不致危害国家与社会，又保全了他的名节，不愧是一位高明的管理大师。

唐太宗先对尉迟敬德施之以恩，让其感动，随之又准确地抓住对方的弱点，给予适当的管束，起到威慑的作用，终于控制住了这位骄横而又刚直的大功之臣，足见其高明的管理智慧。

人非草木，孰能无情。身为管理者，在面对居功自傲的功臣时，一定要以博大的胸怀包容他们，同时还要顾全大局，对他们进行批评教育。要对他们晓之以理，动之以情，在与他们讲话时应该言辞恳切，将批评融入关切之中，既指出他们自身问题所在，又帮助他们分析问题产生的原因以及任其发展下去可能会造成的结果，同时要给予他们热情的勉励与殷切的期望，让这些"功臣"们从内心真切地感受到你是在关心他、爱护他，是真心实意地帮助他修正缺点、改正错误，这样才能真正地达到惩前毖后、治病救人的目的。

# 第六章 格物致知

本章的原文只有“此谓知本。此谓知之至也”两句。对此，南宋大儒朱熹认为，“此谓知本”一句是上一章的衍文，“此谓知之至也”一句前面又缺了一段文字。所以，朱熹根据上下文的关系补充了这一段文字，这里所选的，就是朱熹补充的文字。

## 原文

所谓致知在格物①者，言欲致吾之知，在即②物而穷③其理也。盖人心之灵莫不有知，而天下之物莫不有理，唯于理有未穷④，故其知有不尽也，是以《大学》始教，必使学者即凡天下之物，莫不因其已知之理而益⑤穷之，以求至乎其极。至于用力之久，而一旦豁然贯通焉，则众物之表里精粗无不到，而吾心之全体大用无不明矣。此谓物格，此谓知之至也。

## 注释

①格物：格，推究；致，求得。格物是指探究事物原理，而从中获得智慧或者从中感悟到某种心得。

②即：接近，接触。

③穷：穷究，彻底研究。

④未穷：未穷尽，未彻底。

⑤益：指更加的意思。

译文

所谓获取知识的途径在于认识、研究万事万物，是指要想获取知识，就必须要接触事物而彻底研究它的原理。大概人的心灵都具有认识的能力，而天下万事万物都总有一定的原理，只不过因为这些原理还未彻底认识，所以知识就显得有局限性了。因此，《大学》一开始就教学习者接触天下万事万物，用自己已有的知识去进一步探究，以彻底认识万事万物的原理。经过长时间的用功，总会有豁然开朗的那一天。到那个时候，万事万物的里外巨细都能被认识得清清楚楚，而自己内心的一切认识能力都得到淋漓尽致地发挥，再也没有蔽塞。这就叫万事万物被认识、研究了，这就叫知识达到顶点了。

经典解读

本段主要讲述了“格物致知”的主体思想。所谓“格物致知”是指对万事万物进行推理研究，从而获取知识，而不是从书本上获取知识。这种认识具有实践色彩，打破了一般对儒学死读书，死啃书本的误解。千百年来，它已经成为儒家思想中一个重要的概念，也是儒家认识事物、研究物理的重要学科。

关于“格物致知”，教育家杜士扬曾有这样的注释：“《大学》中的‘格物’，其实就是指打开物体的内在看一看的意思，这样人就能够看到事物的本质，事物的内核，事物的架构格式，经历这种‘格物’的体验，于是人就直接达到了‘知至’（知识的本质，知识的尽头）‘致知’（极致的知道，彻底的知道），建立对于追求本质，相信本质的重要性的认识，从而不被假象所迷惑，不被外表所迷惑，不被眼前利益所迷惑，这样自然就能做到‘诚意’‘正心’了。”由此可见，格物致知中所包含的是一种“实事求是”的实践精神，尤其在宋代以后，“格物致知”便成了中国哲学史上的一个重要的范畴，到了清代末年，“格物”又成为对声光化电等自然科学部门的统称。鲁迅在《呐喊·自序》中说：“在这学堂里，我才知道在这世上，还有所谓格致，算学，地理，绘图和体操。”这里的“格物”指的是物理学科。从这里也可以看出，“格物致知”对中国文化的深刻影响。

“格物致知”把我们引向万事万物，引向实践，引向“实践是检验真理的唯一标准”和“实践是认识的唯一源泉”上。实际上，就在今天，我们获取知识也离不开“格物致知”这一实践的途径，从书本上学了知识后，必须要在现实中加以实践运用，转化为切实的生产力才是知识发挥效用的表现。

**哲理引申**

## 真知源于实践

鲁迅说：“一碗酸辣汤，耳闻口讲的，总不如亲自呷一口的明白。”教育家陶行知说：“行动是老子，知识是儿子，创造是孙子。”宋代的大诗人陆游说：“纸上得来终觉浅，绝知此事要躬行。”明代林希元说：“自古圣贤之言学也，咸以躬行实践为先，识见言论次之。”……这些人都告诉我们，真知源于实践，只有经过实践检验的知识才能称之为真理。这也告诉我们，在学习的过程中，除了要看书外，最重要的就是要到现实中去实践，只有将知识在现实中得以灵活运用，才能转化成真正的本事或能力，否则，只能称得上是一个“书呆子”罢了。

战国时期，越国大将赵奢曾以少胜多，大败入侵的秦军，被赵惠文王提拔为上卿。他有一个儿子叫赵括，从小熟读兵书，说起兵法来更是头头是道，别人往往说不过他。他因此很骄傲，自以为天下无敌。然而赵奢却很替他担忧，认为他不过是纸上谈兵，并且说：“将来赵国不用他为将则罢，如果用他为将，他一定会使赵军遭受失败。”

公元前260年，秦军又来犯，赵军在长平坚持抗战。那时赵奢已经去世。廉颇负责指挥全军，他年纪虽大，打仗仍旧有很多办法，使得秦军无法取胜。秦国知道拖下去将不利，就施行了反间计，派人到赵国散布“秦军最害怕赵奢的儿子赵括将军”之类的话。赵王上当受骗，派赵括替代了廉颇。

赵括自认为很会打仗，死搬兵书上的条文，到长平后完全改变了廉颇的作战方案。赵括熟读兵书，纸上谈兵头头是道，可谓掌握了不少理论知识，然而，他最致命的弱点就是实战经验不足。结果，赵军在他的统率下轻率出战，遭到惨败，40万降卒被秦将白起一举坑杀，他自己也被秦军箭射身亡。

正所谓实践出真知，不管学知识也好，打仗也罢，只有经过实践检验的知识，才能成为真正的知识，才能转化为个人的能力。

其实，大到关系国家命运的事件，小到个人的生活小事，“实践出真知”，都是极其正确的。常言道：“尽信书不如无书。”在一定情况下确实如此。书本给出的规范，总是一些抽象的定律和原理，而具体的生活情境却是充满了无限的可能性，是极为复杂的，用知识指导生活，把书本知识转化为实际能力也需要诸多创造性的中间环节才能有效地实现，否则，知识的规范将使人手足无措。中国民间有个笑话，讲的是秀才过河沟，如何能跳过小河沟？秀才翻开书本见书上写道：“单脚起，双脚落，一跃而过。”秀才按此实践，却跳进了小河沟里。这正是人们对“书呆子”的嘲笑，在当今社会中，这个笑话仍然具有现实意义。

无论在工作中还是在生活中，我们必须要明白一点，那就是：行动是思想的起点和终点。正如教育家陶行知所说：“行是知之始，知是行之成。”行动产生思想，思想完成行动。行动即实践，而思想也就是知识，只有实践才能将知识转化为个人的能力。

司马迁的《史记》被鲁迅先生尊为“史家之绝唱”。他把历史人物和事件描写得精辟、独到，很大程度上得益于他青年时的一次全国大游历。游淮阴他追踪韩信早年的足迹；访齐鲁他瞻仰孔庙，观察儒风习俗；到彭城，他听取汉高祖刘邦的传说故事；在大梁，他凭吊信陵君“窃符救赵”故事中著名的夷门……可以说司马迁因为青年时有了行万里路的亲身实践，才能著出不朽的史书。

为了完成医学巨著《本草纲目》，李时珍远出旅行考察，他亲自上山采药并亲自品尝，以明药效，并且还请教有实际行医经验的人，崇山峻岭上留下了他的脚印。他白天到深山采药，晚上对每一株药草，从产地、栽培到苗、茎、叶、根、花果以及形态气味、功能等进行非常深入、细致的研究。李时珍辛勤劳动了19年之多，记下了数百万字的笔记，经过几十遍的反复修改，终于在60岁时完成了《本草纲目》的编纂。全书分为16部62卷，共载药物1892种，附方11096个，并附图1160幅，其学术价值极高。

我国著名气象学家竺可桢，自从事气象工作之日起，便坚持每天到室外观测气候，进行记录，数十年如一日。直到临终的前一天，他还用颤抖的手在病榻上记下当天的气温，由于不能亲自到户外测量，依据的是气象局的报告，所以在记录上注上“局报”二字。他毕生积累了40多本气象日记，这不仅是他探索我国气象规律的第一手素材，也是他取得成就的要基。

宋代诗人陆游在教他儿子写诗时说：“汝果欲学诗，功夫在诗外。”告诉他要注意深入现实，体验生活，收集素材。能力须从实践中来。

人非生而知之者，要求得知识，一要靠学习，二要靠实践，离开了实践，学习也就成了无源之水，无本之木。无数的客观事实证明，实践出真知，实践长才干，只有从实践中来，又经过实践检验的理性认识，才是真正的科学知识。实践离不开正确理论的指导，否则就会彷徨、犹豫、无所适从；懂得了书本知识，有了理论，不付诸实践，知识、理论就成了装潢门面的东西。

当然了，要在实践中提升个人知识储备，提升个人能力，就必须要放下架子，并且要有吃苦准备。用出劲来，扎扎实实地做事，静下心来，仔仔细细地琢磨。实践可能是一个漫长的过程，必须要有足够的耐心和毅力，这样才能出真知，才能将知识转化成个人能力。

随着现代通讯手段和大众传媒的发展，人们时刻处在信息的海洋中，经济的发展也为人们提供了更多的机遇和无穷无尽的消费诱惑。人的欲望在膨胀，思想在扩展，可行动的能力却在弱化。我们陷入了这样一个怪圈：我们重学而轻实践，结果就是学非所用。这就需要我们树立“学以致用，用以促学”的学习观，多动手实践，从实践中让自己的智慧焕发活力，从而提升个人的竞争力。

## 尽信书不如无书

人常道，尽信书不如无书。我们知道知识是无穷无尽的，再智慧的人也不可能掌握知识的全部奥秘，旧时的真理随着时代的变迁也会演变成谬误，如果没有一点怀疑和批判精神，一味地迷信权威，就不可能与时俱进，取得长足的进步。荀子生活在距今两千多年的战国时期，当时的先贤在读书人的心目中具有至高无上的地位，荀子和其他饱读诗书的儒生一样，也非常崇拜先贤，但他却从不迷信任何人和任何书籍，而是具有敢非先贤的批判精神，正因为如此他才在学术领域取得了超越前人的成就。

荀子在《非十二子》篇中对诸子百家各个学派的代表人物都进行了犀利而深刻的批判，他批评它嚣、魏牟只重利益不知仁义；说陈仲、史鳍愤世嫉俗，违背社会正常的伦理规范；批评墨子、宋钘过分强调节俭，欲使举国上下同劳苦，破坏封建礼制；还说慎到、田骈只会空谈法治却不能确立法治制度；并指出惠施、邓析喜好诡辩，不切实际。荀子不仅对各流派的领军人物进行了毫不留情的批判，对自己推崇备至的儒家学派也展开了评判，他说子张不注重仪表，言谈举止粗鲁，有背礼仪；而子夏虽然衣冠楚楚却表里不一；子思、孟轲不懂治世之道，没有能力纠正时弊。

荀子对各流派的思想主张，从学术角度阐述了百家思想偏颇之处，比如他说，“墨子蔽于用而不知文，宋子蔽于欲而不知德，慎子蔽于法而不知贤，申子蔽于势而不知知，惠子蔽于辞而不知实”，指出了百家思想的偏执之处。虽然荀子对各家的评判未必绝对公允恰当，但这种敢于质疑先贤的批判精神还是非常值得提倡的。批判前人，敢于打破权威的束缚，不是为了标新立异或夺人眼目，而是为了实事求是地验证前人的理论，然后取其精华、去其糟粕，推动社会科学的发展。

孟子在阅读《尚书》时，对武王伐纣这一重大历史事件的描写很不理解，尤其是对“有敌于我师，前徒倒戈，攻于后以北，血流漂杵”的描述感到费解，他想武王率领的是正义之师，讨伐纣王时又得到了部分商朝军人的积极响应，理应一路所向披靡，顺顺利利地击败纣王大军才对，何以至于血流漂杵呢？倘若血流漂杵写的并不是两军交战的场面，那么只能是武王大军疯狂血洗了商军，可是这样一想就觉得更加不对了，武王大军乃仁义之师，怎么可能做出这么残暴的事情呢？想来想去，孟子就是想不明白，于是便怀疑《尚书》的记述有误，不禁发出了“尽信书不如无书”的感慨。其实当时武王的军队并没有和纣王大军发生正面冲突，而是纣王军队前阵倒戈，军队内部进行了一场残酷的厮杀，造成了血流成河的场面。《尚书》所载无误，但孟子的这种敢于大胆怀疑的精神还是非常可嘉的。

孟子在读书时对书里的内容持保留态度，敢于提出自己的观点，所以没有被前人的言论束缚住，成为了战国时期拥有独到见解的思想家。

有一位动物学家完全不具备孟子的批判精神，他把书籍当成了指导自己生活的权威宝典，对书里的记述向来不怀疑，最终，因为过于迷信书籍付出了惨重的代价。

有一天动物学家在大草原上散步，忽然遇到了一头正在摇头的健壮犀牛，动物学家一惊，但马上又镇静下来。旁边有个路人看到动物学家一动不动地站在犀牛面前，还以为他吓呆了，就好心提醒道："快逃吧，犀牛闻到可疑的异味是会发狂的，你最好在它还没有发动袭击前转身离开，不然后果不堪设想。"孰料动物学家根本就没有逃跑的意思，他扬了扬手中的书平静地说："别担心，这头犀牛是不会伤害我的。根据《犀牛习性科学研究指南大全》的描述，犀牛摇头有两种含义：一种代表对对方没有敌意，所以它不会攻击我；另一种可能是它遇到了心仪的异性，因为心情激动而做出了这个动作。我显然不是它所迷恋的异性，所以它摇头只能属于前一种情况。"

路人见自己无法说服动物学家，就自己离开了。动物学家振振有词地分析了一通后，最初的紧张感也全都消失了，他走近犀牛，不动声色地和犀牛对视了起来，双方僵持了一分钟后，犀牛猛然扑了过来，把动物学家撞倒在地，动物学家躺在地上，忍着剧痛不解地说："我真不明白，事情怎么会这样，书上分明是说犀牛在摇头的情况下是不会发动袭击的。"

事实上这头犀牛摇头是因为有只苍蝇钻进了它的耳朵里，它是为了驱赶苍蝇才这么做的，但书里并没有写明这种情况，动物学家因为太相信书里面的理论，付出了重伤的代价，真是可悲可叹。

书中的学问是从何而来的呢？显而易见是前人探索出来的，他们的成就也是建立在对前人文明成果的吸收和批判上的，没有批判精神，人类的文明就会止步，事实上是质疑精神推动了人类的文明进程。明代学者陈宪章说："学贵质疑，小疑则小进，大疑则大进。疑者，觉悟之机也。”也就是说，怀疑使人进步，小的疑问带来小的进步，大的疑问带来大的进步，善于怀疑才能真正领悟知识。如果把书上的内容全部当作金科玉律，不加批判地吸收，不但领悟不到什么真知灼见，反而有可能被引向泥潭。荀子善学也善疑，我们应该学习他这种大胆质疑的精神，只有这样我们才能获得新发现，提出新见解，从而过滤掉不实的信息，开启智慧的大门。

## 学以致用，用以促学

朱熹在《大学》中补充的一段话，道出了学习的至高境界，那就是要求学者要接触天下万事万物，用自己已经有的知识去进一步探究，以彻底认识万事万物的原理。经过长时间的用功，总会有豁然开朗的那一天。到那个时候，万事万物的里外巨细都能被认识得清清楚楚，而自己内心的一切认识能力都得到淋漓尽致地发挥，再也没有蔽塞。这就叫万事万物被认识、研究了，这就叫知识达到顶点了。朱熹的观点其实也是告诉我们，学习过程中要边学边实践，边实践边学习，即学以致用，用以促学，这样才能得“真知”，才能真正有所建树。

一位知识渊博的哲学家乘船时问船夫：“你懂数学吗？”

“不懂。”船夫说。

“那么你的生命价值就失去了三分之一。”哲学家说，“你懂哲学吗？”

“更不懂。”船夫边摇头边说。

哲学家感慨：“那你的生命价值就失去了一半！”

一个巨浪把船打翻，哲学家掉到了河里。船夫问：“你会游泳吗？”

“不会，不会！”哲学家惊慌失措地答道。

船夫说：“那你的生命价值就失去了全部。”

这个故事虽是个笑话，但却从根本上道出了“实践大于理论”的道理。一百个能想的，不如一个会做的，讲的也是这个道理。

荀子说："知之而不行，虽敦必困。"意思是说，懂得许多道理却不付诸实践，虽然知识很丰富，也必将遭到困厄。这一名句体现了荀子的"知行"观。在社会生活中，"知"很重要，无"知"就没有人类文明，但"知"并不是目的，"知"是为了"用"，"知"而不会用，不能变成行动，再丰富的知识也无用，而且在实践过程中必将遇到重重困难。这种强调知行统一，学以致用的观点，对现代人也具有重要的指导意义。

苏东坡写过一篇《日喻》，说的是：一个天生的盲人不知太阳为何物，问"有目者"。有人告诉他太阳像铜盘，并敲了敲铜盘让他听；过几天，盲人听到钟声，就认为是太阳。又有人告诉他太阳的光芒像蜡烛，并让他摸了摸蜡烛，过了几天，盲人便摸到了竹笛，又以为是太阳。苏东坡在文章中还说，南方有一种"没人"，能长时间潜在水中，只因为他"日与水居""得于水道"，所以"七岁能涉，十岁能游"，十五岁就能"没"了。假如北方一名"从不识水"的勇士来找"没人"学"没"，"没人"给他讲得再好，他"没"到水里也只有死路一条。

苏东坡借故事告诉人们，书本知识只是"死知识"，只有实践中得来的才是真知，同时也从侧面告诉我们，要懂得学以致用，用以促学，才能从根本上提升自我修养和能力。不可否认，知识可以使人趋于完美，但是，如果只学不用，那知识将只会是一种累赘。只有学以致用，用以致学，才能让自我能力发挥主导作用，而不是成为知识的傀儡。

学以致用，用以促学，最根本的是要把理论知识和实际联合起来，由浅入深，达到熟能生巧的目的，学到的东西要经常揣摩，真正地理解其含义，然后将其应用到实际生活中，用实践来丰富理论，就这样相互促进学习，逐步加深自己的理论知识与实践应用，慢慢地你就能融会贯通，成为知识的主导者了，这正是朱熹所认为的学习的至高境界。

## 一百个决定，不如一个行动

如果你已经具备了一定的知识、技巧、能力、良好的态度与成功的方法，接下来最重要的就是将你的想法付诸行动。行动才是成功的基础，要记住：一百个决定不如一个行动。

现实社会中，才华横溢者很多，碌碌无为者也很多。这些人主要在于没有勇敢地付出行动和勇敢地去冒险，却总是在想、在等，直到最后一事无成。真正有能力的人，并不在于有多好的想法，多好的计谋，而是在于有实际的行动，在于有敢做敢为的作风。不怕失败，因为只有付诸行动，才可以验证自己的想法到底正不正确。即使失败了，也有利于提高下次成功的概率。

成功开始于你的想法，圆梦取决于你的行动。起而行，胜于坐而想，一百个想法不如一个行动。其实成功人物也没有什么所谓的成功秘诀。关键的一点就是行动！行动！再行动！当别人还在想，还在论证的时候，成功者已经在行动了。

再完美的规划，如果不将之付诸行动，结果只能为零，任何成功都是从一步步实践中走过来的，行动是成功的第一步，如果你觉得自己一切准备就绪，那就将你的想法付诸行动吧！行动是不需要理由的，唯一的理由就是你准备好了吗？行动需要勇气和魄力，只有行动了才有成功的可能！

有一个刚刚毕业的年轻人，每天总是想着如何一举成名，想了许多办法，但却从来没认真做过一件事情。他只是执着于每天的空想之中，两年过去了，还是一点成绩也没有。为此，他极为烦恼，也极为焦虑。

有一天，这位年轻人在散步的时候，偶然间就遇到了一位著名的企业家，于是，他便急忙走向前，请教他是如何获取如此多的财富并名扬天下的。

他对企业家说："我每天都在想如何成名，想了许多的方法，但是两年过去了为何一点成绩也没有？"企业家了解了他的心理。就问他："你是否真的很想出名？"

"对啊！我连做梦都在想，我什么时候才能像您一样出名呢？"年轻人忙不迭地回答。

"等你死后，你很快就会出名了。"企业家不慌不忙地说。

"为什么我要等到死了以后才会出名呀？"年轻人吃惊地问道。

企业家就告诉他："因为你一直想拥有一座高楼，可是从没有动手去建造这座高楼。所以，你一辈子都生活在空想之中，等你死后，人们就会经常提起你，以告诫那些只会做白日梦、不肯动手去做事的人，如此一来，你就名扬天下了。"

空想与目标的距离有时仅一步之遥，只要迈出去，就向成功近了一步。但现实生活中，往往有一些人总是瞻前顾后，前怕狼后怕虎，犹豫不决，很多好的计划、想法最后都胎死腹中，到头来一事无成，平平庸庸。这样的人往往缺少判断力、决策力、行动力以及做事必不可少的恒久毅力。

其实，一个人成功不在于他有多么伟大的想法，而在于他有伟大的力量与信心把他的愿望、构想付诸实践。这世上有想法的人很多，但真正付诸行动或能果断采取行动，敢做敢为的人却寥寥无几。

"千里之行，始于足下"。不要抱怨自己的命运不好，行动就是力量。唯有行动才可以改变自己的命运。

杰克·坎菲尔德曾经通过一个现场演示来说明这个道理。

有一次，杰克·坎菲尔德拿出一张面额100的美钞。然后说："如果这里有100美元，谁想得到它？"

在场的所有人都举起了手。但杰克只坐在那儿，手里一直举着这100美元，最后又问了一句，"有谁真的想得到这100美元吗？"

过了一两分钟，有人从座位上站了起来，走上前来，等着杰克把这100 美元递到他手上。

可杰克还是没有动。

最后终于有人走过来，从他手里把这 100 美元拿走。杰克对观众说："他刚才的所作所为和其他人有什么不同吗？答案就是，他离开了座位，采取了行动。"

任何一个出色的计划，如果没有行动，终究是一纸空谈。即便计划很糟糕，只要你采取了行动，你也还是能够向前迈进一步。

吉姆·罗恩说过："你要确立一些足够高的目标。这样在你为这些目标而努力的过程中，你就会变成一个有资格达到这些目标的人。"其实做任何事情也是同样的道理。

只有行动才能缩短现实与目标之间的距离，只有行动才能把理想变为现实。做好每件事，既要心动，更要行动，只会感动羡慕，不去流汗行动，成功就是一句空话。哲人说："想得好是聪明，计划得好更聪明，做得好是最聪明又最好。"

世界著名的大提琴手巴布罗·卡沙斯在取得举世公认的艺术家头衔之后，依然每天坚持练琴 6 小时，养成了"行动再行动"的良好习惯。有人问他为什么仍然还要练琴，他的回答很简单："我觉得我仍在进步。"一个成功者想继续成功就得这么去做，因为世上的事物没有绝对的成功，只有不断地努力，才能有不断的进步。成功是没有终点的，就像旅程中的一个个过程，必须一站一站往前走，一旦停在原地，不再努力，不再全力付诸行动，成功的列车就会把你甩得远远的。

## 学会将知识转化为"能力"

对于二十几岁的年轻人来说，才华固然重要，但能力才是你安身立命的资本。要知道，我们在学校学的理论知识都是死的，只有将之转换为一种真正能解决现实问题的能力，才能让它发挥出实际的价值来。

从校园走入社会，说明我们已经具备了成功所需的最基本的知识储备，但是我们要善于把自己储备的知识转变为现实的一种能力，在实际中创造出效益和财富。知识固然越多越好，但如果不懂得灵活运用，那就跟一个抱着金子饿死的乞丐没什么两样。

关于知识与能力，有这样一个极好的比喻：知识就是把剑，能力就是剑术。有好剑，没剑术，剑就是废铁一块；有剑术，没剑，只能是理论教条。对于二十几岁的我们来说，我们已经有了剑，接下来就是要好好地修炼剑术，这样才能让你无往不胜、所向披靡！当然，要练好剑术，需要从以下几点做起。

1. 要有敢于“吃亏”的心态。

工作中，活干得比别人多，不要觉得吃亏；钱拿得比别人少，也不要觉得吃亏；经常加班加点，也不要觉得吃亏……成大事者不会计较这些，吃亏不是灾难，不是失败，吃亏是一种生存哲学。当下吃点小亏，为成功铺就大途径，也许在将来的某个时刻，你的大福就来了。

记住：你只要能做到比别人多付出一份努力，就意味着比别人多积累了一份资本，就会比别人多一次成功的机遇。

2. 在“能干”的基础上踏实“肯干”。

能干工作、干好工作是职场生存的基本保证。任何一个人做工作的前提条件都是他的能力能够胜任这项工作。能干是作为一名合格员工的基本标准，而肯干则是一种态度。一个职位有很多人都能够胜任，都有干好这份工作的基本能力，然而，能否将工作做得更好一点，关键就要看你是否具有踏实肯干、敢于吃苦、苦于钻研的精神了。

3. 以冷静、低调的心态做事。

在很多老板眼中，下属在工作时是否能够保持冷静、低调的心态，是判断其是否优秀的重要标准。所以，我们要一定要静下心来做事情，努力做好每个环节，因为你的每个行为，老板都会看到眼里。我们所要做的就是在自己的职位扮演好自己的角色，尽职尽责，然后等待属于自己的聚光灯亮起。

4. 面对分外工作，不逃避。

有些人认为，在工作中，只要做好自己分内的事情就好了，那些分外的事情，最好能避开。但是，你要知道，我们在工作中多做些事情，可以让自己尽快地熟悉工作环境，积累工作经验。特别是对于刚进入职场的新人们来说，本身经验不足，多做一点就能多为自己积累一些经验，就能多学到一点知识，这样你也会提高得更快，也能帮你积攒人气，赢得老板的好感和信赖。

5. 认真对待那些细微的工作。

对于一些初入职场的人而言，你所做的第一份工作可能都很简单，甚至有些不起眼，但你不能因此而消极、敷衍地对待你的工作。要知道，可能正是因为你的敷衍，会导致你一辈子都碌碌无为，离成功越来越远。

纵观那些成功的大人物，他们中的绝大多数都是从做细微的工作开始的，有的甚至还干过搬运工、保洁员这种让人感到不屑的工作。但是，他们并未因此而消极，而是认真地对待每一项工作，才赢得了老板的关注和赏识，最终才通过努力实现了事业的腾飞。所以说，不因工作的细微而改变对工作的积极性，这是职场人士赢得老板好感的“撒手锏”。

比尔·盖茨也曾这样谆谆教诲青年朋友：“一个对本职工作不肯尽心尽力，只是阳奉阴违或是浑水摸鱼的人早晚会被别人替代或淘汰的。记住，一定要努力工作，才能让老板看得起你，重用你，你才有机会获得更好的发展机会。”其实，他也在告诉我们这样一个道理：努力工作，将所有的工作当成自己分内的事，是每个人获得老板赏识，获得成功的最佳、最快捷的方法。

## 别让“眼高手低”害了你

“眼高手低”是很多人尤其是年轻人的毛病。这样的人，有着远大的人生理想，却往往瞧不起那些小工作，即便是做了，也不是心甘情愿，总觉得自己屈才了，受委屈了。结果大事没做好，小事也干不了，什么成就都没有。这种人往往自认为自己雄才大略，却因为缺乏踏实、肯干的心态无法受到领导的器重。然而，一屋不扫，何以扫天下？小事情都做不好，还怎么做大事情呢？想做大事，就一定要有做大事的能力和心态，而这种能力则是经过一点一滴的不断积累而成的，并非学到什么就可以马上用到工作中来。如果你每天总是想着一些不切实际的“大事”，这样不仅实现不了你的雄心壮志，甚至还会丢失眼前的工作。

每个梦想的实现，都需要一个漫长的过程。就像是参加一场马拉松比赛，有初赛、复赛和决赛。初赛的时候，大家都刚刚进入社会，实力一般，这个时候，你一定要摆正心态，稍微努力、认真一点就可以让自己脱颖而出。要想成为这一群人中的一员，最为重要的就是要能够从小事做起，做他人不愿意做，做别人认为最低下、最卑微的事情，千万不能眼高手低，做好每一件小事是你赢得初赛的资本。

饭要一口一口地吃，仗也要一场一场地打。即便你想受到重用，也要从小事情做起。如果总是眼高手低，最终只能以失败告终。

曾经有记者在采访李嘉诚时问道：“您的企业在选用和起用年轻人的标准是什么？什么样的人是你最喜欢的？什么样的人您不敢用?”

李嘉诚语重心长地回答：“不脚踏实地的人，是一定会当心的。我看人并不保守，但是我认为，一个根本不好的人，还不懂得脚踏实地，这样的人信用就有问题，无论你如何有才，都是第二位的。”

天上不会掉下馅饼，没有不需要付出任何辛苦努力的工作，也没有唾手可得的收获。工作需要你付出体力、智慧和时间。只有乐意主动吃苦，锻炼自己，才有可能得到应得的利益。你的吃苦耐劳带给企业的是业绩的提升与利润的增长，而带给你自己的则是知识、才干、技能和经验的积累与增长，还有源源不断的机会。当然，还有源源不断的财富增长。

高奋是一家大型机械公司的董事长，在过去十几年的经验积累之中，他将自己规模不大的厂子发展成为当下的上市公司。在接受媒体采访时，他深有感触地说起了自己的成长经历。

在刚刚上班的时候，高奋只是一个车间实习生。公司从原材料、半成品到成品，所有的生产流程一共有 25 个车间，我被安排到其中的 10 个重点车间去实习。主要目的是进一步了解公司的情况，熟悉公司的设备运行与生产流程，同时还要与职工交流沟通，参加各种体力劳动，经受车间环境和体力劳动的考验以磨炼自己的意志。我豪情万丈地开始了学习，因为我觉得我需要这样一个锻炼和接受考验的机会，这是我在公司站稳脚跟的基础。

我在车间开始一丝不苟地工作，十分注意观察和了解公司的工艺流程、掌握生产原理，并与员工聊天不断地拉近与他们之间的距离，遇到体力劳动，我会动手搬运、推车、打件等这些极为细微的工作。我实习车间的温度高达 50 摄氏度，每天早上六点多钟就进车间，不到几分钟，我的衣服就会被汗浸透，一天要换几件衣服。但是我觉得正是实习期的辛苦，才让我更彻底、更详细地了解了公司的运作流程以及各个部门的生产细节，这是我以后改进生产工艺坚实的基础，也是我将企业做大做强的基础。

由此可见，一个人的才能和经验都是从基层的各种细节工作得到锻炼和提升的，只有脚踏实地，一点一滴不断积累，才能够一步一步地迈向成功。

马云曾经有过这样一番精辟的论断："所有的 MBA 进入公司之后，

首先都要从最基层的销售员做起，如果在 6 个月之后能够留下来，就可以继续留任。因为我想给他们更多的时间进行历练，只有沉得低，才能够跳得高。”

其实，这个世界上从来就没有什么“世外桃源”，任何工作都没有自己想象的那么完美，也都有不尽如人意的地方，作为一个有梦想的人，要正确地对待工作中出现的一些问题、挑战，勇于从小事做起，敢于吃苦，在小事中不断地提升自己的能力，为美好的明天储备个人能量。

# 第七章 君子必慎其独

本章主要讲修身养性要先“诚其意”，必须要做到“慎独”，就是说即便是独处的时候也要坚持原则和道义，保持一颗赤子之心。在曾子看来，财富固然可以把房屋装饰得富丽堂皇，但却不能保证你身心舒畅，安心健康，而高尚的品德却可以使人心胸开阔，舒泰安康。

## 原文

所谓诚其意①者，毋②自欺也。如恶恶臭③，如好好色④，此之谓自慊⑤。故君子必慎其独⑥也。小人闲居⑦为不善，无所不至，见君子而后厌然⑧，掩⑨其不善，而著⑩其善。

人之视己，如见其肺肝然，则何益矣。此谓诚于中⑪，形于外，故君子必慎其独也。

曾子曰：“十目所视，十手所指，其严乎！”富润屋⑫，德润身⑬，心广体胖⑭，故君子必诚其意。

## 注释

①诚其意：使意念真诚。

②毋：不要。

③恶（wù）恶（è）臭（xiù）：臭，气味的意思。本句意为厌恶腐臭的气味。

④好（hào）好（hǎo）色：好色，指美丽的女子。本句意为喜爱美丽的女子。

⑤慊（qiān）：通“谦”，心安理得的样子。

⑥慎其独：独处时也要小心谨慎。

⑦闲居：即独处。

⑧厌然：然，样子。厌然指躲躲闪闪的样子。

⑨掩：遮掩，掩盖。

⑩著：显示。

⑪中：指内心。下面的“外”指外表。

⑫润屋：装饰房屋。

⑬润身：修养自身。

⑭心广体胖（pán）：心胸宽广，身体舒泰安康，胖，大，舒坦。

**译文**

使意念真诚的意思为，不要自我欺骗。就要像厌恶腐臭的气味一般，要像喜爱美丽的女子一样，一切都发自内心。所以，品德高尚的人哪怕是独处时也一定会谨慎小心。品德低下的人在私下里也会无恶不作，一见到品德高尚者就躲躲闪闪，掩盖自己所做的坏事情而开始自我吹嘘。

殊不知，别人看你自己，就像看见你的心肺肝脏一样清楚，掩盖有什么用呢？这就叫作内心的真实一定会表现到外表上来。所以，品德高尚的人哪怕是在一人独处时，也一定要谨慎小心。

曾子说：“十只眼睛看着，十只手指指着，这难道不令人畏惧吗?!”财富可以装饰房屋，品德却可以修养身心，可以使人心胸宽广而身体舒泰安康。所以，品德高尚的人一定要使自己的意念真诚。

**经典解读**

判断一个人是否真诚，最重要的就是看其能否做到“慎独”，即一个人独处的时候也时时警示自己。换句话说，就是人前人后表现一样，人前也真诚，独处时也真诚，一切都发自肺腑，发自内心，发自我全部的精神理念，就像手脚长在我自己身上一样自然自如，一样真实无欺，而不是谁外加于我的“思想改造”，外加于我的清规戒律。从反面来说，一个人做坏事，便是自欺欺人，掩耳盗铃，总会有东窗事发的那一天。

说到这里，在市场经济时代，我们的周围都充满了种种的诱惑，无论是普通的单位职员，还是领导干部，人人都应以“慎独”作为人生的第一堂必修课。要知道，一个人若能做到“慎独”，那么其生活便会过得心安理得。要知道，金玉满堂，并不能使人身心舒畅，平安健康。所以，相比装修房屋来说，还是修养自己的身心显得更为重要，修身养性，自然胸怀宽广，自然身体舒泰安康。而要做到这一切，必须要做到“诚其意”。

**哲理引申**

## 修身养心之难，在于慎独

儒家修身立德自有“八条目”，即格物、致知、诚意、正心、修身、齐家、治国、平天下的完整统一的八个步骤。曾子在解释“诚意”一词的含义时，着意强调“君子必慎其独”，就是说，君子应该做到内外一致，不自欺欺人。对于坏的东西要像厌恶腐臭那样，将其除掉，对待好的事物要像喜欢美丽的女子那样，力求得到。而小人则会在无人监督的情况下，做尽坏事。一旦见到有德行的君子时，马上就会遮遮掩掩，伪装善良。这样表里不一的做法，无非就是掩耳盗铃。人应该诚意在内心，显像在外表，所以君子务必在任何时候都谨慎地严格要求自己，形成自觉的高尚品质。这大概就是孔子所说的“七十而从心所欲不逾矩”，自觉地按照礼仪来要求自己。

“慎独”用现代汉语解释便是指在没有人监督的情况下，依然能够坚守自己的道义和原则，这是一种极为严格的自律精神。曾国藩说，自古至今，能够做到慎独的人，其道德修养已经达到了一种极高的境界。这也从另一方面告诉我们一个道理，修身养性是一个真实的领悟过程，不是让我们做表面功夫装样子给别人看的，而是一种无须提醒的道德自觉性。

杨震是东汉时期的太尉，为官极为清廉，从来不为己谋私，贪财。

有一次，杨震从荆州刺史调任东莱太守，在赴任的道路上，经过昌邑，遇到了他在荆州刺史任上曾经举荐过的官员王密，当时的王密任昌邑县的县令。王密为了报答杨震的知遇之恩，特地准备了十两黄金在晚上去拜见他，结果却被杨震退了回来。

王密自己觉得，杨震可能是因为不好意思，为了表达自己的诚意，于是，就在第二天晚上又一次拿着黄金去拜见杨震，结果又被杨震退了回来。

杨震对他说道：“我和你是故交，看到你有才能，我才举荐你，我很了解你的为人，而你却不了解我的为人。”王密这样说道：“现在夜深人静，根本没有人知道这件事情啊！你为何不收呢?”

杨震立即说：“天知、地知、你知、我知，怎么能说无人知道呢?”王密羞愧难当，很是佩服杨震的为人。

杨震的这种行为叫作“慎独”，是修炼心性的最高境界。他之所以能做到这点，就在于他已经将道德的“标杆”根植在自己的心中。对于慎独，曾国藩说：“慎独则心安。自修之道，莫难于养心，养心之难，又在慎独。能慎独，则内省不疚，可以对天地质鬼神。”生活中，能做到“慎独”的人，才能够无愧于天地，才能够真正地完成道德上的修养和内心的坦然与对万事万物的淡然。

许衡是元朝初年人，字仲平，河南沁阳县人。任过集贤大学士兼国子祭酒，领太史院事，为中央最高级的学官，也是元代三大理学家之一，更是当时为数不多的教育家。

许衡家族世代务农，早年家境贫寒，常随父母下地耕种，常常忍饥挨饿，常以米糠、菜为食。虽然家境贫寒，但却十分好学，后成为一代名儒，被人称为“致位卿相，为一代名臣”。

有一年盛夏时节，因为天气炎热，口渴难耐，路边正好有一棵梨树，路人便纷纷去摘梨吃，而唯独许衡静坐在树下泰然处之。有人十分不解地问：“为何不去摘梨来解渴呢?”许衡回答道：“不是自己的梨，岂能乱摘呢!”那人便笑许衡太过迂腐，说：“世道这么乱，梨树哪有主人!”许衡正色道：“梨虽无主，难道我们的心也无主了吗?”为此，他仍坚决不吃无主之梨。后来，他“财有余，即以分诸族人及诸生之贫者。人有所遗，一毫弗义弗受也”。他一生清廉自守，堪称楷模。

许衡在任何条件下都能坚持自己的操守和做人原则，自觉地履行自己的道德信念，确实是难能可贵的，堪称今人的道德楷模。

《礼记·中庸》中说：“天命之谓性，率性之谓道，修道之谓教。道也者，不可须臾离也；可离，非道也。是故君子戒慎乎其所不睹，恐惧乎其所不闻。莫见乎隐，莫显乎微，故君子慎其独也。”大概的意思是：所谓天命就是自己的性，依照自己真性情行事就叫道，明白自己真性情的过程就是教（是指导通常意义上的教）。修道之人（是指君子之道）不可以有一瞬间的忘记；如果忘了，那就非道了（非君子了）。所以君子独处的时刻告诫自己：不要因为别人不知道，就放松对自己的告诫，越是一个人的时候越是要谨慎告诫自己。

君子慎独对当下人的生活也具有极大的指导意义，其另一层意思是讲，“慎独”把“独”理解为自己一个人，也就是说当自己一个人的时候要慎，思想上莫要有邪念，精神上也不要松懈。在当下，生活处处充满了诱惑，而这些诱惑大部分在自己“独”的时候显得更有魔力一些。试想一下，自己是否有时候很希望自己一个人，是否是为了某些邪念的方便才更希望是一个人？很多人可能都有过类似的想法。所以说君子慎独，从另一个侧面告诉我们，当自己一个人的时候切勿肆无忌惮地泄欲或让邪念横生。记着这四个字：君子慎独。自己一个人的时候默念，使自己保持洁身自好的优良品质，真正成为一个有德行、有修为的人。

## 别让人生因诱惑而失色

一位作家曾说，上天不仅给了我们与众不同的外表，同样也给了我们做人的尊严。我们的价值并不在于家财万贯、外表出色，更多地在于我们无价的人格。人格是人类灵魂中最不可糟蹋的东西。一个总是为物所累、为名所累、为利所轻以致失去自尊的人，不是人格的扭曲便是出卖整个人格。也就是说，在任何时候，与万贯财富相比，人格更为重要。

孟子说：“富贵不能淫，贫贱不能移，威武不能屈，此之谓大丈夫。”无论你面对多大的利益诱惑，都要挺得住！如果一个人过分地追逐名利，将会败坏他的才能，毁掉他的品格，使他做出违背良心的事情来。

陶行知说过一句话：“学做一个人。”人格总是在关键时刻展现。一个人的人格、骨气、气节，要么在诱惑中升华，要么在诱惑中蛊惑，抵挡不住形形色色的诱惑，把持不住自己，而将义理、道德、操守弃置一旁，终会被“诱惑”送进坟墓。而有骨气的人，往往会视名利如水，始终将名节放在突出的位置，不因贪图享乐而违背原则，不因追求私欲而失去操守，力求意念真诚。

著名国学大师陈寅恪教授在 1941 年由昆明西南联大应邀往欧洲讲学，途经香港遭遇太平洋战事，日方和汉奸都来逼迫诱惑他，日伪组织还曾以 40 万港币诱引他主持“东亚文化协会”替日伪审定中小学教科书，都被陈寅恪断然拒绝。而当时他身上连离开香港的旅费都没有。

陈寅恪教授堪称今人效仿的典范，在诱惑面前，我们应时时挺直脊梁，处处不忘本色，自觉扛得住酒色利禄的诱惑，扛得住庸俗关系的腐蚀，始终做到自重、自省、自警、自励，努力做一个刚毅的人。“要穷，穷得像茶，苦中一缕清香。”这是自尊。“要傲，傲得像兰，高挂一脸秋霜。”这是自尊。不因诱惑而出卖人格，再穷也不能出卖人格。

在战国一个普通的日子里，云淡风轻。孟子的马车驰骋在去往齐国的路上，碰巧路遇弟子充虞，师徒对话间，夫子一句“如欲平治天下，当今之世，舍我其谁也”，如一股浩然正气奔涌而出，瞬间便“沛乎塞苍冥”。正是这股浩然正气使孟子不对混乱的现实环境妥协，始终坚持自己的理想和人格，成为顶天立地的大丈夫。

像孟子这样的圣人，并不是不懂得怎样去“阿世苟合”，向时代风气妥协，以便获取自己本身的利益。他实在“非不能也”，而是不肯为也，宁可为真理正义穷困受苦，也不愿意苟活于世，追求那些功名富贵。在孟子看来，人格远远比名和利更为重要。这就是圣人的教诲和格局。

人格是建造人生大厦的支柱，没有它，壮丽与辉煌将无从谈起；人格是人生的风帆，有了它，才能驶向理想的彼岸；人格是一个人的名片，在这张名片上印制高尚，人生之路畅通无阻，而一旦打上卑鄙的烙印，一世再难有英名；人格是人生靓丽的风景线，唯有它，才具有吸引力、影响人的巨大魅力。人格高尚者，让世人敬重，如屈原、孔子、陶渊明、李白、文天祥等，一世英名照汗青；人格低下者，让世人唾弃，如秦桧、严嵩、慈禧等，遗臭万年遭唾弃。

伯夷、叔齐是商朝末年诸侯孤竹君的儿子。孤竹君生前要立三儿子叔齐为自己的继承人。孤竹君去世后，叔齐出走，欲让位给兄长伯夷。伯夷也不愿当国君而逃避。

后来二人在路上相遇，闻听西伯侯姬昌（周文王）善养老幼，深得人民拥戴而入周投靠。文王仙逝，周武王继位而拥兵伐纣，他们认为诸侯伐君以为不仁，极力劝谏。武王不听，决意灭商。伯夷、叔齐对周武王的行为嗤之以鼻，誓死不作周的臣民，也不吃周的粮食，隐居在首阳山，采野果为生。

后来“不食周粟”就用来形容一个人气节高尚，誓死也不愿与非正义或非仁德的人有瓜葛。

伯夷、叔齐能主持正义，坚持原则，不向破坏原则的武王屈服，宁可饿死，也不食周粟的精神甚是感人，被后人相继传颂。他们的行为无愧于自己的一生，活出了常人所难以企及的大人格，是精神楷模。在《正气歌》中，文天祥诗云：“天地有正气，杂然赋流形。下则为河岳，上则为日星。于人曰浩然，沛乎塞苍冥。皇路当清夷，含和吐明庭。时穷节乃见，一垂丹青。”

“当今之世，舍我其谁”，中国历史上能讲出这种话的人可谓是空前绝后了。像这种大丈夫一定有大人格、大境界、大眼光、大胸襟！做人要大丈夫，生子当如嵇康叔夜。

嵇康，字叔夜，是“竹林七贤”之一，他一面崇尚老庄，恬静寡欲，好服食，求长生；一面却尚奇任侠，刚强疾恶，在现实生活中锋芒毕露，他对那些传世久远、名目堂的教条礼法从来不以为然，更深恶痛绝官场仕途中的乌烟瘴气、尔虞我诈。他宁愿在洛阳城外做一个默默无闻而自由自在的打铁匠，也不愿与竖子们同流合污。所以，当他的朋友山涛向朝廷推荐他做官时，他毅然决然地要与山涛绝交，并写了历史上著名的《与山巨源绝交书》，以明心志。

不幸的是，嵇康那卓越的才华和不羁的性格，最终为他招来了祸端。他提出的“非汤武而薄周孔”“越名教而任自然”的人生主张，深深刺痛了当政者。于是，在钟会之流的诽谤和唆使下，公元 262 年，统治者司马昭下令将嵇康处死。

在刑场上，有三千太学生向朝廷请愿，请求赦免嵇康。而此刻嵇康所想到的，不是他那即将结束的宝贵生命，而是一首美妙绝伦的音乐后继无人。他要来一架琴，在高高的刑台上，面对前来为他送行的人们，铮铮琴声响起，激越的曲调和美妙的音符，铺天盖地，落进每个人的心里。弹毕，嵇康从容引首就戮，那一刻，残阳如血。从此，《广陵散》绝。

那一年，嵇康年仅 39 岁。

嵇康钟情于道家，孟子为儒家，两人都有着狂放的性格以及决不谀世的高尚情操，真可谓大丈夫也。这就是自古高风亮节的代表。也许他们在当时志不能伸，却留一世英名于后人。

完美人生来自于完美的人格，我辈即便不能名垂千古，也要携一身正气，如果不能照亮世界，也要照亮自己的人生，才不枉人世走一遭。古词说得好，尔曹身与名俱灭，不废江河万古流。“名利”二字，自古最留不住，唯有伟大的人格能立于天地之间与之相恒久。在面对名利与道义的取舍时，孰轻孰重，该舍谁弃谁，不言自明。

## 坦诚相待，以真示人

曾子说：“所谓诚其意者，毋自欺也。”就是告诫人们，要使意念真诚，不自欺欺人，真实地面对自己的内心，以真示人，不装模作样，不唯唯诺诺。老子曾言：“唯之与阿，相去几何？善之与恶，相去何若？人之所畏，不可不畏。”这几句谈到了道德最高修养的标准。在汉语中，“唯”与“阿”这两个字形容人们说话的态度，意思就是“是的”。

而同样的意思，用不同的方式和态度表示出来，便是不同的感觉。“唯”给人的感觉是诚恳、坦诚，以真示人；而“阿”则是阿谀奉承，虚伪假装的迎合。

一个人的言行举止充分反映出他的内心世界和处世之道。芸芸众生，很多人唯唯诺诺、曲意逢迎做出一些令人不齿的事情；而那些能够坦诚相待而且还能推心置腹的人，无论是言行还是神态都会让人赏心悦目，内心敞亮充满阳光和朝气！

北宋词人晏殊，是一个心胸坦荡的人，并且以诚实著称。晏殊在小时候，非常聪明且有才华，吟诗作赋，样样都会，人们都称他为“神童”。在晏殊14岁的时候，有人把他举荐给了皇帝。皇帝想要考考晏殊，便让他参加了一场一千多人的考试。试卷发下来后，晏殊发现考题正是自己半个月前已经练习过的题目。于是他便向皇帝如实禀告了，并要求重新换题目。皇帝非常赞赏他的诚实品格，便赐给晏殊“进士出身”。

后来晏殊在朝为官，帮助皇帝打理政务。当时，北宋国泰民安，天下太平，社会呈现出一片祥和之貌。于是，京城里的大小官员们都想出一些方法游玩，或是一家老少到郊外游玩，或是群臣举办各种宴会互相邀请。但是晏殊家里比较穷，没有多余的钱拿出来吃喝玩乐。于是，他便待在家里一心一意地读书作诗。晏殊的这一举动被皇帝看在了眼里，于是提拔他为东宫官，让他陪太子读书。

有些大臣不能理解皇帝的这一举动，便提出了反对的意见。皇帝说：“朕听说近来大臣们都结伴游玩作乐，花费大好时光。而只有晏殊闭门学习，可见他是一个多么自重、上进好学的人，有这样的人陪着太子读书，朕很放心。”大臣们听了便哑口无言了。

而在一旁的晏殊却谦恭地说道：“多谢皇上能够如此器重我。其实，我也是个喜欢游玩的人，但是因为家里贫寒，没有多余的钱宴游。如果我家境殷实，我也会同众臣们一起享受大好时光了。”

晏殊说完了后，大臣们都唏嘘一片，想着他肯定要被皇帝责罚了。谁知，皇帝不仅没有责罚他，还夸赞道：“晏殊呀，你的诚实品格真是让朕敬佩万分呀。你能如此坦诚相待，以真示人，实在是难能可贵呀。”

从此以后，皇帝对晏殊更加信任了，经常对他委以重任。而群臣对于晏殊的品格也是赞叹不已。

晏殊没有曲意逢迎，而是大胆地说出了真实的一面，表现出了坦荡的胸襟，实在是令人敬佩。而在今天的社会中，有多少人能够脱掉虚伪的外衣，展现出自己真实的一面呢？他们总是戴着面纱活在虚幻中，感受不到一点真实的存在！

我们经常说，人与人之间需要坦诚相待，朋友之间更是如此。朋友之间没有真诚，便无法交心，而人与人之间没有真诚，便无法相处。

北宋著名文学家苏轼有这样两句名言："吾上可以陪玉皇大帝，下可以陪悲田院乞儿。""吾眼前见天下无一个不好人。"前一句意思是说：我这个人可以交到高高在上的玉皇大帝为朋友，陪他聊天，也可以和贫民百姓家的小儿在院子里玩耍。后一句意思是：我眼中看到的觉得没有一个不是好人的。苏轼为什么能做到如此呢？这跟他"坦诚待人，以真示人"的态度和品格是分不开的。

苏轼在黄州时朋友非常多、非常广，这并不是因为黄州有与苏轼志同道合的士大夫非常之多，恰恰相反，在这个地方真正与苏轼能够共同畅言的大儒没有几个。而是因为苏轼在交友时，不计较地位高下、个性差异，只要轻松愉快就行，最重要的是他对待每一个人，都能够坦诚相待，以真示人。

有一次，苏轼与几个年轻人在一起聊天。碰巧这几个年轻人都比较嘴笨，不会讲话，最后竟找不到话题来聊了。大家都觉得很尴尬，这时，苏轼提议让一个年轻人讲个鬼故事。年轻人却连连说自己不会讲，不知道该要讲什么。苏轼看了索性说："你随便讲呀，敞开心扉，哪怕胡编乱造，我们就跟着胡听呀。"此言一出，逗得全场哈哈大笑，气氛顿时活跃起来，然后大家开始无话不谈，最后尽兴而归。

人与人交往，只有敞开心扉，坦诚相待，彼此之间才会产生信任，从而进一步生出友谊之花。苏轼的豪爽和真诚一直以来受到人们的敬佩，他的真诚赢得了很多人的友谊。后来苏轼在政治上危难之际，有很多朋友冒着杀头之罪站出来帮他，才化险为夷。

生活中很多实实在在的例子都证明，但凡取得成功的人绝大多数都拥有坦荡的胸襟和坦诚待人的好习惯。这就很好地说明了，一个人无论想要在哪个方面有所突破都必须有一颗真诚的心，这是成功的先决条件！

美国成功交际大师卡耐基曾言："一个人事业上的成功，只有15％是由于他的专业技术，另外的85％要依赖人际关系、处世技巧。软与硬是相对而言的。专业技术是硬本领，善于处理人际关系的交际本领则是软本领。"

可见一个人的成功中人际关系是有多么的重要，而一个人若想拥有成功的人际关系，就必须用自己的真心来对待身边的每一个人，得到他们的信任和拥戴，才能得到他们的帮助和支持。

因为人是离不开群体而生存的，团结才能力量大，很多事情不是一个人就能完成的，一己之力毕竟改变不了什么！因此，不论是在工作中，还是在生活中，人们都要怀着一颗真诚之心，敞开心扉，以真示人，才能同样换来别人的一颗真心。

## 真诚处世，真诚待人

有的人生活在世上，到哪里身边都会聚集一群可以交心的朋友，这样的人是令人羡慕的，他们的生活中处处充满快乐；而另外一些人，无论到了哪里都是形单影只的，他们没有朋友，无处去分享自己的快乐和忧伤。我们都希望自己是前一种人，可如何才能拥有很多朋友，让周围的人都愿意和自己交往呢？

有人说，每个人的心都是一个带锁的匣子，你只有打开了那道锁，才能进入他们的心，与其成为交心的朋友，而打开人心之锁的钥匙就是你自己的真诚。唯有真诚能打动别人，唯有真诚能换来他人的信任，唯有真诚能赢得世间的所有真情。

曾国藩说："一念不生是谓诚。"与人交往之中要做到真诚，就是切切实实地为他人着想，以他人之心，为自己之心，没有一丝自私害人的邪念。真诚在内心就是纯净无染，表现于外就是真实不虚、率真自然。真诚，是打开朋友心扉的一把钥匙。精诚所至，金石为开。真诚的心，最容易被理解和接受，犹如屡开不败的鲜花，给人芳香，受人青睐。

古人相互交往最看重的就是"真诚"二字。孔子说过："巧言令色足弓，左丘明耻之，丘亦耻之；匿怨而友其人，左丘明耻之，丘亦耻之。"一个人在与朋友交往时，一定要真真实实，没有半点虚伪欺骗，一定要诚心诚意，不藏半点自私害人之心。如果表面上用花言巧语来讨好人，而心中却隐藏着怨恨；表面上满口为他人着想，内心却充满占便宜、牟私利之心，那就是表里不一的小人，是君子所不耻，不愿与之交往的。

本杰明·富兰克林曾说："一个人种下什么，就会收获什么。我们如果真诚地待人，别人也会真诚地对待我们。"在生活中，我们会遇到形形色色的人，如果你总是以敷衍塞责的方式对待每一个人，那所有人都会成为生活之中的过客，不会对你有任何帮助。但如果你以真诚的态度对待遇到的每个人，你会发现生活变得截然不同了，你在付出真心的时候也会得到真诚的回报，得到很多改变你人生的机会。

苏格兰有一个叫弗莱明的贫苦农民。有一天，外出的时候他看到一个孩子掉到了深水沟中。弗莱明毫不犹豫地跳了进去，将孩子救了出来，然后带回家中给他烘干了衣服，没有要求任何回报，甚至没有询问孩子的家世。

第二天，一辆豪华的马车停在了弗莱明家门口，车上走下一位气质高雅的绅士。见到弗莱明，绅士说："我就是昨天被您救的那个孩子的父亲，今天特地前来向您表示感谢。"弗莱明回答："那是每个人都应该做的事，我不能因为救了您的孩子而接受报酬。"

正在两人说话的时候，弗莱明的儿子从外面回来了。绅士问道："这是您的儿子吗?"弗莱明回答："是。"绅士点点头，说道："那这样吧，您救了我的儿子。我现在将您的儿子带回去，让他能够接受最好的教育，如果这个孩子像您一样真诚，那他将来一定会成为让您自豪的人。"弗莱明很早就想让儿子接受好的教育，但因为贫穷久久不能实现，听了绅士的提议，当下同意了，并表示感谢。

数年以后，弗莱明的儿子从圣玛利亚医学院毕业，成为一名出色的医学家。

真诚拥有伟大的力量，用一颗真诚的心去对待他人，对待世界，你会发现生活中处处存在意想不到的机会，存在令人欣喜的奇迹。

真诚，是一汪清澈见底的清泉。真诚的人拥有一颗透明的心，他们是值得交往和信任的朋友，也只有他们才能赢得真正的友情。真诚是维持人与人之间信任、和谐的纽带，一次真诚的邂逅胜过千百次虚假的应酬，一个真诚相待的朋友，胜过千百个巧言令色的伪君子。

真诚是人际交往中最坚固的桥梁。真诚的力量无远弗届，源源不绝。任何对立与冲突都能在真诚中化解；任何不满和怨恨都能在真诚的关怀中消融；任何误解与猜疑都能在真诚的交流中解决。

如果你想拥有一份真正的友情，想建立更好的人际关系，请用真诚的态度去待人处世，用真诚的态度对待身边的每一个人。

## 做个表里如一的"真"人

生活中我们常常有这样的感觉，有的人接触后便觉得十分真诚，让人愿意接近；而有的人交往起来，便给人一种很假的感觉，让人敬而远之。真诚的人，到了哪里都受到欢迎；而虚假的人到了哪里都招人厌恶；真诚的人总能得到尊重和欣赏，而虚假的人只会得到轻蔑与鄙视。我们都希望自己能交到真实的朋友，自己也成为一个让人觉得真的人，那么如何能做到“真”呢？

“真”来自于真实，我们去购买一件货物，看到了它包装上的样子，对它便有了一种期待。当我们将包装扯下的时候，如果里面的物品和期待一致，那我们就会认为它是“真”的；但如果里面的物品和包装所描述的完全不同，相去甚远，我们就会有一种被骗的感觉，觉得它是“假”的，即便这件东西依然有它的用处，也难以消除我们心中的那种失望、抱怨。与人交往也是一样，在接触每一个人时我们都会对他产生一个最初的印象，随着交往的增多，双方会越来越了解。如果这个人的内心真的像他最初所表现出来的那样，我们就会觉得他很真实，反之，如果此人说一套、做一套，名不副实，那么我们就会认为他很虚假，会逐渐同他疏远。

要想成为一个“真”人，就要做到表里如一：外表和内心完全一样；品质和言行完全一样；所想和所行完全统一。表里如一是君子修身的准则，也是人在修养过程中应该达到的基本境界。《朱子全书·论语》中说：“行之以忠者，是事事要着实，故某集注云：‘以忠，则表里如一’。”人都有得到认可，获得赞扬的希望，但这些一定要通过道德修养，自身努力而取得，如果自身没有做到，却想通过虚假的宣传、欺诈的手段而骗取别人的尊重，获得虚名虚誉，那就是行不忠，言不诚，事事都未落在实处。

《大学》中说“诚于中而形于外”，内在修养怎样都会显露在外在言行之中，时间久了别人会看得清清楚楚。一时的掩饰、欺骗不会对自己有任何根本上的提高，反而会让人看到自己虚伪。君子所应该做的不是追求虚名虚誉，而是努力修养自己的内在德行，让仁、义、礼、智等美德扎根于心，当美德充盈之后，必然能够在仪容、面貌、言行中流露出来。那时，外部的认可和称誉也就随之而来了。

然而，很多人却不懂得这其中的本末关系，不追求自己内在德行、本身能力的提高，反而倾心于博取虚名虚誉。他们虚伪地吹嘘自已，夸耀自已，故意在他人面前装出一副很有道德、很有能力的样子，其实这都是自欺欺人的“东郭先生”，最终都会暴露出自己的真实面貌。

岳飞曾经有一匹好马，每天吃十升豆子，喝十斗水，然而食物如果不洁净它宁可饿死也不去吃。给它披甲戴盔，一开始似乎跑得不是很快，等到跑了一百多里后，才开始挥动鬣毛长声鸣叫，奋振四蹄迅速奔跑，一连几百里不用停歇；跑完后，脱下鞍甲不喘息、不出汗，就像没有事的样子。岳飞对这匹马十分钟爱，可惜它最后在战斗中受伤死掉了。

部下看到岳飞没了战马，便帮他找来了另外一匹。新的战马看起来十分健壮，而且每天只吃几升东西，也不挑食，不选择饮水。人人都祝贺岳飞得到了一匹新的宝马，岳飞也高兴地骑上马准备试一试。这匹马刚收紧缰绳就开始不安，做出跃跃欲试的样子，开始迅速地向前冲，迎来人们一阵喝彩。然而，刚跑完一百里，它就力气竭尽，汗水淋淋，停下来气喘吁吁地再也不能前进了。

岳飞十分失望，感慨道：“马也像人一样啊！有的不骄不躁，却能日行千里；有的看似神骏，其实却是徒有其表。”于是，将这匹马送给了士兵们，让它去做拉车运粮的粗活了。

世上那些喜欢说大话、空话、套话、假话，吹嘘自已，夸耀自己的人都像这匹马一样，虽然能够蒙蔽人一时，但徒有其表、名不副实的本质一定有被识破的一天，那时人人都会因为他们的虚假而厌恶、远离他们。

做人一定要真实。孔子说：“骥不称其力，称其德也。”人也是如此，你的才能有限，但只要正视自己的缺陷，踏踏实实地去努力，总有提高的时候，没有人会轻视你，而且你的真实会为你赢得认可。但如果你表里不一，追求虚荣，刻意吹嘘，别人就会觉得你做人做事不踏实、不可靠，那你就很难被认可、接受了。

所以说，无论你的才能如何，都要踏踏实实地生活，自信地面对现实，有才能不要吹嘘，有缺点不要掩饰，努力做一个真实的自己。

## 端谨则兴，骄泰则亡

“小心谨慎”也不仅是曾子所提倡的做人原则，也是道家鼻祖老子所提倡的行事之道。老子在《道德经·第六十五章》中这样说道：“古之善为道者，微妙玄通，深不可识。夫不唯不可识，故强为之容；豫兮若冬涉川；犹兮若畏四邻；俨兮其若客；涣兮其若凌释；敦兮其若朴。旷兮其若谷；混兮其若浊。”大意为，古时候得道的人，微妙通达，深刻玄远，难以让人理解。正因为不能理解他们，所以只能勉强地形容他们：他们小心谨慎，（做事时）好像冬天踩着水过河；他们警觉戒备，好像（随时）防备着周边的危险、隐患；他们恭敬郑重，好像随时准备去赴宴做客；他们行动洒脱，好像冰块缓缓消融；他们纯朴厚道，好像没有经过加工的原料；他们旷远豁达，好像深幽的山谷；他们浑厚宽容，好像不清的浊水。

老子所谓的“道”本身是玄妙精深、虚空无形的，它视而不见、听之不闻、搏之不得，故而常人很难真正“得到”，只有那些具有大智慧的人，才能体悟到“道”，才能掌握世间万物运行的规律，用俗话说就是“上知天文，下知地理，前知五百年，后知五百年”。而这些得道之士因为体悟了“道”的真谛，其为人处世、思想行为自然和常人有所不同，他们依从“道”来处世行事。所以，世俗之人“嗜欲深者天机浅”，他们极其浅薄，让人一眼就能够看穿；得道人士则静密幽沉、难以测识。老子也说这些人只能“强为之容”。他们心理素质极好，人格修养极高，智慧出众，思虑缜密，淡泊名利，朴质无华；他们可动可静，可清可浊，不断改变，与时俱进。

高超和玄秘是相连的。老子认为可以“托天下”的圣人都是深不可识的，申不害的“术”就是要君主刻意变成这样，最典型的就是“藏于无事，示天下无为”，要求君主“去听”、“去视”、“去智”，装听不见，装看不见，装不知道事情真相，避免暴露自己，这使大臣摸不清君主的底细，没办法投其所好，也就没法掩盖他们自己的缺陷。而君主则可以看得明白，辨别出忠臣和奸佞小人。中国古代的许多君主确实是这样做的，他们喜欢藏在帘幕后面，深宫之中，人们不可以随意看到他们的样子，甚至抬头直视他们都犯了杀头大罪。就连武侠小说都深受其影响，很多精妙绝伦的故事中往往都有一个武功高强的人在幕后操纵，但人们却不知道他的样子，不知道他的身份，这种“隐藏”之道在当下仍具有现实的意义。比如，我们说话讲究“逢人只说三分话，留下七分自己赏”，就是为了避免心直口快而得罪人；遇到险境要沉得住气，不随意发怒，以免暴露自己的弱点；得意时切莫忘形，以避免因为麻痹大意而为自己招来祸患；做人要时时谨小慎微，懂得“守”“藏”之道。

## 秉承纯真朴实的本性，坚守鲁直憨厚的人格

要达到“至善”的境界，最重要的就是要真诚地面对自己的内心。换句话说，就是要始终保持一颗赤子之心，秉承纯真朴实的本性，坚守鲁直憨厚的人格。老子曾说：“大丈夫处其厚，不处其薄；居其实，不居其华。”概括起来就是做人应该“处厚不薄，处实不华”，具体意思是说，为人处世应该抱朴守拙，返璞归真，保持自己纯真朴实的本性，坚守鲁直憨厚的人格。

一个冬天的下午，风中夹裹着雪花，天气异常得寒冷。傍晚时分，马路上来来往往的行人都裹紧了大衣匆匆忙忙往家赶。小威背着书包，拖着前面裂开了口的棉鞋，一步一挨地走在回学校的路上。风不停地从裂口里灌进来，冷得小威全身直哆嗦。他心想：这棉鞋破了，不能穿了，只好让妈妈给买双新的了。忽然，他看到前面路口有个修鞋的老人正在

忙着收摊准备回家。小威便快步走上前去，他知道自己的鞋补补还是可以再穿些时日的。他迫不及待地迎上前去，问道："老爷爷，您能帮我把脚上的鞋补一下吗?"老人抬头看了看天，又看了看小威脚上的鞋子，犹豫了一下，最终还是答应了。

他重新把补鞋摊放下来，拿起小威的鞋子，补了起来。小威仔细地端详起眼前的这位老人：花白的头发，古铜色的脸，额头上有几道很深的皱纹。也许是长时间补鞋的原因，他的一双冻得通红的手，还长满了茧子。老人吃力地用右手把针插进鞋头，左手把线拉过来。天气太冷了，他不得不经常停下来用嘴对着手哈气。不一会儿，裂口缝好了，可是老人并没有停下，而是又加缝了一道，还边缝边说："你们小孩穿的鞋不牢点不行啊!"

鞋补好了，小威问老人要多少钱，他伸出三个贴满胶布的手指。"什么，要 3 元?""是 3 角。"他答道。小威愕然，连忙掏钱，可掏了半天也只有 2 角。糟了，妈妈今早刚给他的 5 元钱忘了带，怎么办？老人看到小威窘迫的样子，笑着说："算了吧。"小威心里的石头这才落了地，如释重负。小威一边穿鞋一边问："老爷爷，您收费这么便宜，一天应该赚不了多少钱吧?""什么赚不赚的？我老了在家里闲着也是闲着，倒不如出来补补鞋，给大家个方便。"老人的话深深地打动了小威，心想，要不是这位热心肠的老人，自己现在一定还在挨冻呢。

小威穿着老人补好的鞋，走上了回家的路，走了几步，又回头望去，老人正顶着寒风在收拾鞋摊，小威突然觉得一股暖流从脚底袭来，传到了他的心里……

质朴、正直、憨厚这是世界的本色，没有一点功利色彩，就像花儿的绽放，树枝的摇曳，蟋蟀的轻唱。它们只凭内心的召唤，秉承良知的拷问，在任何时候都不会因物欲而动摇自己那颗光明磊落、纯洁质朴的心，这才是做人的最高修养，也是一个人让自己人生畅通无阻的"通行证”。

金亮是百货商店的推销员，他每天的工作任务就是按照老板的吩咐为顾客介绍产品的优点和缺点，而他自己已经完全厌倦了这项工作。

一天，有一位顾客光临，金亮在介绍优点的同时也介绍了产品的缺点，顾客听完之后，没说什么就走了。老板知道后，很是生气，决定辞退他。正当金亮带着私人物品要走出门外的时候，那位顾客又回来了，身后还带了一些人，这些人都准备要购买他的产品——他们都是冲着这位推销员来的，因为金亮是一个正直的人，这样的人是值得信赖的。

憨厚正直意味着讲道德并且遵从内心的良知。一个正直的人会在适当的时候做该做的事情，即便是没人看到或知道，但是只要在你的身上有正直的光芒闪耀，成功便会顺着光芒找寻到你！

“纯真朴实、鲁直憨厚”是道家所推崇的一种优秀品质，也是中国后来武侠文人所推崇的品格。《射雕英雄传》中的憨厚朴实的郭靖，《天龙八部》中呆头呆脑、毫无心机的虚竹，他们看起来老实本分，但他们却懂得感恩、诚实守信、待人真诚，对人从不设防，也未有过害人之心，所以很容易赢得他人的信赖和帮助。江南七怪为了调教郭靖，教给他真本领，贡献了他们的下半辈子，全真派老道，不远千里，不厌其烦地手把手教他真功夫，却不肯指点梅超风，甚至连九阴真经、降龙十八掌这样的真本事，都无一例外地传授给他。虚竹同样也是如此，逍遥派掌门无崖子不遗余力将自己毕生的内功全部传授于他，让他成为逍遥派掌门。后来又被天山童姥强迫传授武功，又在无意间得到李秋水的内力，亦被传为灵鹫宫宫主。

当下的我们生活在纷扰的世界中，在追求和前进的过程中，心灵难免会被“浮华”所浸染，这个时候，我们要学会及时擦拭，保持原有的那一份单纯朴素和正直憨厚的品质。因为它是一个人行走于社会的“通行证”，有了它，你的人生可能从此“畅通无阻”。

## 节制内在的“欲望”，别迷失本性

修身养心，除了曾子所说的要坦诚地面对自己的内心，更为重要的一点就是要坚守本心，节制内在的“欲望”。在生活中，很多人迷失本性的根源就在于对内在欲望的“放纵”，总置身于声色犬马之中，自然就会精神堕落，更别提什么修身养性了。其实，老子很早就指出了这一点。《道德经·第十二章》中，老子提出了“远五色”的为人法则。即“五色令人目盲；五音令人耳聋；五味令人口爽；驰骋畋猎，令人心发狂；难得之货，令人行妨；是以圣人为腹不为目，故去彼取此。”大意为，缤纷的色彩，使人眼花缭乱；嘈杂的音调，使人听觉失灵；丰盛的食物，使人舌不知味；纵情狩猎，使人心情放荡发狂；稀有的物品，使人行为不轨。因此，圣人但求吃饱肚子而不追逐声色之娱，所以摒弃物欲的诱惑而保持安定知足的生活方式。其实，这是老子对“欲”的思考，告诉人们如何“节欲”，也是对那些纵情声色的人们的一种劝谏、警告。

老子提倡的是清净无为的为人原则，在他看来，人们对于五色、五声、五味的过分追求，都是导致人生堕落的根源。同时，他反对驰骋田猎，反对“难得之物”的追捧，认为这种过度的放纵会导致人迷失本性。

其实，在现实生活中，人们为了追逐“五色”，而迷失本性，给生命添上重负的事例数不胜数。

刘慧是一个都市白领，高学历、高收入，人也长得漂亮，身材也很好。每天上班她都会有不同风格的穿戴打扮，时髦得体的她，经常能赢得周围同事和朋友的称赞。在一片赞扬声中，她的虚荣心越发膨胀起来了，为了更能引人注目，为了讲求品位，她不惜花大笔的钱去购置名贵、时尚的珠宝、名牌服装和包包……她的收入毕竟有限，对时尚物质追求的强烈欲望，已经让她负债累累。

有一次在与朋友聊天的过程中，刘慧说自己其实活得很累，别人看到的只是一个光鲜亮丽的外表，但她的内心已经疲惫不堪。她其实也反省过自己，超负荷地购置名牌物品似乎也没让她真正地开心过，她也很想快乐起来，但是，内在强烈的欲望让她欲罢不能。

由于内心的负担过重，原本漂亮的刘慧也变得憔悴多了，对生活也逐渐地丧失了热情，对工作也失去了兴趣，时常唉声叹气的，人也变得悲观厌世，整个人也好像变成了“外表美丽”的行尸走肉……

现实生活中，有不少类似于刘慧这样的人，他们为了追逐外在的物质、财富，为了满足自己的虚荣心，而让心灵承载了太多的负担，丝毫感受不到生命该有的轻松和快乐。

在“五色”充斥的现实中，我们似乎很容易被欲望牵着鼻子走，好不容易有了家，还想着什么时候能换更大一点的房子，有了汽车总想着换更好的……这些无止境的欲望，让我们的心灵承载了太多的负担，永远没有停歇下来的时候。“累！累！累！”成了我们呼之欲出的口头语。我们只是在欲望的深渊中挣扎不止，不知何时才能解脱！

在这里，老子提出“远五色”的理念，旨在希望人们能够丰衣足食，建立内在宁静恬淡的生活方式，而不是外在贪欲的生活，这在“五色”充斥的现实中尤其值得人们思考。可惜当今多数人为了外在欲望，根本没有时间去思考。打开电视时时能看到各种选美比赛，各种盛宴聚会，各种让“粉丝”为之疯狂的音乐会。很少有人能够在这喧嚣之中清静下来，仔细聆听内心的声音，想想自己到底追求什么，到底需要什么了。

## 唯有淡泊，才能守住“心性”

世人熙熙攘攘，多数都是为了“名”与“利”而奔波忙碌，甚至人们也会为了争名夺利而使自己的“心性”渐渐迷失。面对名与利，我们现代人应如何去做，守住自己的那份“心性”呢？

老子在《道德经·第二十章》中道：“众人熙熙，如享太牢，如春登台。

我独泊兮，其未兆；沌沌兮，如婴儿之未孩。”大意为，众人都熙熙攘攘、兴高采烈，如同去参加盛大的宴席，如同在春天登台眺望美景。而我却独自淡泊宁静，无动于衷。混混沌沌的，如同婴儿还不会发出嬉笑声。

在老子看来，自己是孤独的，是与众不同的。世人熙熙攘攘，追逐不休，而自己却淡然无为，无动于衷。和那些聪辩精明的人相比，自己似乎只是一个愚昧而笨拙的无用之人。别人都光辉自耀，而自己却迷迷糊糊，不知归于何处，止于何处。最后，老子发出感叹：“我独顽且鄙。”但这并非是一种自我的贬低，最后的“我独异于人，而贵食母。”指出，老子安于这些，这都是“道”。老子这句话看似是自我贬低的话，而恰恰是对自己沉醉于道的赞赏，他对那些世俗之人的精明强干，汲汲于功名富贵是十分鄙视的，其实他们才是“顽且愚”的。老子认为，世俗的价值观极为混淆，本来心思纯洁的人，却因为追逐世俗的名与利而丧失本性，还全然不察，真乃悲哉！这些世人熙熙攘攘，纵情于声色货利，而老子自己则是甘愿清贫淡泊，并且显示出自己与众不同的疏离和相异之处。说自己顽愚，其实同屈原发出“众人皆醉我独醒”的呐喊是一样的。

人生最高的道德境界，是人内在的“名心”抹平。在道家看来，人心即为“名心”，一个人当“名心”褪尽，人之私欲不存，天理突现，道心始生。当名心褪尽，道心自然而生。用通俗的话说是，名利都是身外之物，生不带来，死不带去，人们为了名利而累心累身，实在是在做本末倒置的傻事。

乾隆皇帝在下江南的时候，曾指着长江的船只对一位近臣说：“这里的船只每天都是来来往往的，如此繁华，一天到底要经过多少条船啊？”这位大臣说：“这里只有两条船经过。”乾隆忙问道：“怎么会只有两条船呢？”大臣回答说：“一条为名，一条为利，整个江中来来往往的无非是这两条船。”

乾隆皇帝又问道：“为何这么多人都在为名和利而奔波呢？”

大臣回答说："因为人活在世上，无论是贫富贵贱，贫达逆顺，都是生活在真空中，都不听从于内心的声音。他们一味地为'名利'两字奔波忙碌，实在是本末倒置的事情。"

诚然，名利的确能够给人带来巨大的物质利益，能够满足人的虚荣心。但是，如果过分地追名逐利，只会劳心费力，给人生带来无尽的烦恼。萨克雷的《名利场》中的女主人公丽蓓卡·夏普便是一个例子。她一生都是在不断追求中度过的，但是到最终，她的一切心机全部白费了。作者最终在书中以这样伤感而又无奈的语气说道："唉，浮名虚利，一切虚空，我们这些人谁又是真正快活地活着的？谁又是称心如意地活着的？就算当时遂了自己的心愿，以后还不是照样不知足？"

其实，人生活在这个世界上，都是一个来去匆匆的过客而已。名与利，人生的繁华与争斗其实都是负累，也是我们不快乐的根源所在。钩心斗角、追名逐利，不如宁静淡泊，抱朴守真，谨守着做人最单纯的本分，真如老子所说的有一颗"婴儿之未孩"的初心。所谓褪尽名心道心生，保持一颗虚空淡泊的心境，坚守自然的大道，便真的可以平平淡淡，实实在在了。

## 身安不如心安，屋宽不如心宽

曾子说，财富可以装饰房屋，品德却可以修养身心，可以使人心胸宽广而身体舒泰安康，可见，在曾子的心中，再多的财富也比不上心灵上的安乐舒泰。的确，财富只是身外之物，而心灵则是时刻伴随自己一生的。外在财富再多，也比不上心灵的开心和快乐。正如星云大师所说："身安不如心安；屋宽不如心宽。以自然之道，养自然之身；以喜悦之身，养喜悦之神。所谓的快乐，不是财富多而是欲望少。"

其实，自古至今的文人贤士都是视修养身性为第一原则。孔子说："唯仁者寿，唯德者康。"意思是说，具备仁德之心的人才会长寿，品德高尚的人，做事问心无愧，乐于助人，没有心理负担，时时能感受到愉悦、快乐，身体自然康健。孟子说：“今有无名之指，屈而不信，非疾痛害事也，如有能信之者，则不远秦楚之路，为指之不若人也。指不若人，则知恶之；心不若人，则不知恶，此之谓不知类也。”意思为，现在有人无名指弯曲不能伸直了，但并不疼痛妨害做事，如果有能让它伸直的人，即使远隔秦楚之遥，（他也会去求治），因为手指不如他人啊。手指不如他人都知道厌恶，内心不如他人，却不知道厌恶，这就是不知道轻重啊。手指不如他人就知道不远千里前去医治，而心不如他人却茫然不觉，为何要重视手指而轻视心呢？这样不知道修养身心的人，才是真正的愚昧啊！可见，修身养心应该被视为人生的第一法则，它也是人所应该追求的终极目标。可是，在现代社会，多数人则都会为了追求身外之物而忽视了内心，甚至将内心拖入疲惫、焦虑、忧愁、不安的消极状态中，丧失了生命原有的快乐和幸福，这是得不偿失的。

从前，有一个富人，平时既不修身又不修心。他一生娶了四位夫人，他最宠爱他的四夫人，终日与她恩恩爱爱，从来不离不弃；其次疼爱的是三夫人，因为三夫人很有魅力；再者就是二夫人，因为当初在贫困的时候，与二夫人很是恩爱，但是到了富贵后就将之淡忘了。富人最不关心的还是他的原配夫人，他对这位夫人从未重视过，只让其在家做家务，像仆人一样要求她干粗活。

后来这位富人得了不治之症。临终前，他将四位夫人叫到身边，说道：“四夫人，我平常最疼爱你，时刻也离不开你，现在我已活不多久了，我死了以后太孤单了，财产妻儿虽多，但是我只想带你走，你陪我一起死，好吗？”

四夫人听到此话，面容顿时失色，惊叫道：“你怎么能这样想？你年纪大了，要死是当然的，可我还年轻，你死后，我还要好好地活下去呢！”

富人听到这话，深深地叹了一口气。就又把三夫人叫过来，仍照对四夫人说过的话向他提出要求。

三夫人一听，吓得身体直发抖，连忙道："这怎么可能呢？我还年轻，我不想这么早就随你去，我还想嫁人幸福地生活下去呢！"

富人又深深地叹了一口气，摆摆手，命三夫人退去。将二夫人叫过来，希望二夫人能陪他一起死。

二夫人听罢，连忙摆手道："不可！不可！我怎么能陪你去死呢？四夫人与三夫人平时什么事情都不肯做，而我必须得管理家中的事情，所以不能陪你死。不过，你死后，我会把你送到坟场的！"

富人听到此，难过得眼泪掉了下来，没想到自己平生最爱的几位夫人，却对自己这样。

最后，他又将平时最不关心的大夫人叫到跟前，对他说："我生前冷落你，真是对不起你，但现在我一个人死去，在黄泉路上太孤单了，你肯陪我一起去吗？"

大夫人听此，并没惊慌，反而很庄重地答道："嫁夫随夫，现在你要死了，做妻子的如何能活下去呢，不如与你一同死的好！"

"你愿意陪我一起死？"富人十分惊讶，但也十分感慨，他说道："唉！早知你对我如此忠心，我也不会时常冷落你了。我平日里对四夫人、三夫人爱护得比自己的命还重要，对二夫人也不薄，但是到今天，她们却忘恩负义，当我死的时候，还如此狠心。想不到平时我没能重视你，你反倒愿意同我一起死去。"富人说完，就与大夫人一同死去了。

这是一个极为精彩、有意义的故事，故事中的四夫人，就如同我们外在的身体。在生活中，我们都喜欢把自己打扮得漂漂亮亮的，到死的时候才知道漂亮的外表终究是一场空。要改嫁的三夫人，就好比人一生为之追求的财富，生前拥有再多的财富，到最终也带不走，终究是要留给活着的人的。二夫人就是我们在穷困时才能想起的亲戚和朋友，他们由于还有太多的尘事未了，在你临终的时候，只会去送你一程。而平时从未重视过的大夫人，实则就是我们的内心，到生命的尽头也只有她才能跟着我们走进坟墓。由此可知，自己的内心才是生命的本态，它才是我们生命中最为珍贵的东西。所以，生活中，我们就要勇于舍弃外在的物欲，勤于修炼心性，它的内在感受是生命的本态，才是我们最珍贵的东西。

孟子说，养身有大小之分，养手指为小，养肩背为大，养口腹为小，养心智为大。一个人如果只知道满足口腹之欲，不知道重视自己的心灵建设，不知道培养自己的道德品行，就如同养护指头而失去肩背一样。饱食终日，却不知修养心性，这与禽兽又有什么区别呢？东汉经学家赵岐注解本段说："只晓得吃喝的人之所以受到人们鄙视，是因为他保养口腹而失去道德。如果他不失道德，保养口腹也没有什么不好。所以，一个人吃喝不仅仅是为了长一身细皮肥肉，也是为了培养仁义道德啊！"

随着人们的生活越来越好，养生越来越受到重视，人们选择健康食品，选择绿色食物，加强体育锻炼。但与此同时，社会上各种不文明现象依然很多，这不能不说是过于重视身体而轻视心灵的结果。如果真的知道心灵比四肢更加重要，在养生保健之余，不妨多拿出些时间来养护自己的心灵，培养自己的美德！当然了，要养护自己的心灵，首先要学会削减自己的欲望，别让心灵背上太多的负担，使自己不得安生。

曼谷西郊的偏远处有一座院落，新主人刚到此就开始不停地修剪院中那些杂乱无章、恣意张扬的灌木丛。家人为此都感到不解。

这一天，一位富翁经过此院落，主人接待了他，喝完茶之后，主人就陪富翁四处转悠。行走其间，富翁就问主人道："人如何才能清除内心的欲望呢？"

主人微微一笑，递给他一把剪刀，说道："只要反复修剪这棵树，你的欲望就会消除。"富翁就照着做了，一炷香的时间过去之后，富翁发现自己的身体舒服和轻松了许多。

然而，平日堵在他心头的那些欲望却并没有放下。

主人就告诉他道："经常修剪就好了！"

从此之后，富翁每隔一段时间就会到院落中来修剪灌木，一直把灌木剪成了一只大鸟的形状。

后来，主人就问他："你是否已经懂得了如何修剪心中的欲望吗？"

富翁诚实地回答道："虽然每次修剪的时候都能气定神闲，了无挂碍。但是回到自己的生活圈子中，心中的欲望就又开始疯狂地长起来，有时甚至会几乎失控。"

主人感叹道："其实我建议您到这里来修剪灌木只是希望您每次修剪前，都能发现原来剪去的部分都会重新长出来。这就如我们的欲望一样，不可能完全地消除，我们能做的，就是尽力去把它修剪得更为美观一些。放任欲望，你的心灵就会像这满坡疯长的灌木一般丑陋不堪，最终生命也会为之所累。只有经常修剪，才能使它们成为一道悦目的风景。对于名利，只要取之有道，用之有度，利己惠人，就不要将之视作是心灵的枷锁。"

富翁顿时大悟。

从此之后，越来越多的人都到这里来修剪"欲望"，院落周围的灌木丛也越来越精致美丽了。

欲望如树，生生不息。永无止境，令人疯狂不止。过多的欲望只会束缚人的心灵，成为心灵的负累。如果再任其如野草般疯长的话，必定会将原本清净与安宁的空间全部挤占，让自己变成纯粹的欲望动物，陷入越来越多的烦恼与不安之中。

一个人心灵的压力过大，会累及我们的身体乃至生命。正所谓身安不如心安，屋宽不如心宽。所以，我们要懂得守护自己的心灵。当然要守护心灵就要懂得削减内心的欲望，如此才能感受到更多的轻松、愉悦和生命的精彩。

禁欲是极端，纵欲也是极端。剪去狂躁，才能够冷静处事；剪去虚浮，才能脚踏实地；剪去过多的贪欲，才能够保持清醒；剪去猥琐，才能不令人厌恶……剪去这些杂乱的枝干，才能拥有一颗宁静的心、一颗奋斗的心和一颗愉悦的心。

# 第八章 修身在正其心

本章主要说修身养性要先端正自身的心思，内心不应该被愤怒、恐惧、喜好、忧虑所困，而应该除去这些杂念，心无旁骛，专注于当下，才能真正地使心灵达到一定的境界。否则，若一个人三心二意，常被情绪所左右，被情所困，被外物所扰，那就是一种不淡定的表现，连日常的生活都过不好，更别说要修炼心性了。

**原文**

所谓修身在正其心者，身①有所忿懥②，则不得其正；有所恐惧，则不得其正；有所好乐③，则不得其正；有所忧患，则不得其正。心不在焉，视而不见，听而不闻，食而不知其味。此谓修身在正其心。

**注释**

①身：在此处，程颐认为应为“心”。

②忿懥：愤怒。

③好乐：喜好。

**译文**

之所以说修养自身的心性要先端正自己的心思，是因为心有愤怒就不能够端正，心有恐惧就不能够端正，心有喜好就不能够端正，心有忧虑就不能够端正。心思不端正就像心不在自己身上一样：虽然在看，但却像没看见一样；虽然在听，但却像没有听见一样；虽然在吃东西，但却一点也不知道是什么滋味。所以说，要修养自身的品性就必须要先端正自己的心思。

**经典解读**

本章是承接上一章的论述而说的。正心是“诚意”之后人生的又一层修身境界。诚意即是自我的意念足够真诚，不自欺欺人，能直面自己的内心，无论在何时何地都坚持自己的行事原则。但是，人要达到“至善”的境界，仅仅靠“诚意”还不够。因为诚意可能会被人的七情六欲、喜怒哀乐等欲望和情绪所绑架，使人因为情绪失控而丧失原则。所以，要好好地修身养性，在“诚其意”后还必须要“正其心”，即要端正自己的心思，让自己时时处于理智的状态，驾驭好自己的情感或情绪，以使身心常处于一种平和、安宁的良好状态，集中精力修养品性。

理智与情绪，正其心与诚其意并不是对立存在的，更不是不相容的，而是指让人在坚守自己原则的同时，端正自己的内心，梳理好自己的情绪，以使身心达到和谐的一种状态。正如朱熹所说，喜怒哀乐惧等都是人心所不可或缺的，但一旦我们不能自察，任其左右自己的行动，便会使心思失去端正。所以，正其心，并非是让人们完全摒弃喜怒哀乐惧等不良情绪，而是让人们在理性认识这些情绪客观存在的基础上，好好地驾驭它们，不被它们所控制，使心思能够在平静、安宁的内在环境中达到祥和的“至善”的境界。

**哲理引申**

## 正心就是要淡然面对一切

欲修身养性，除了要“诚意”，最为关键的就是要“正心”：不乱于心，不困于情，不浮于事，就是要以淡然的心态去面对生活中的一切，心思不被什么理由或事情所羁绊，并能看淡一切，不被任何的忧愁、哀伤、愤怒、焦虑、痛苦等负面情绪所缠绕。

唐代的惠能禅师，具有极高的智慧。据传，他在国恩寺修行期间，其徒弟曾向他请教，如何才能达到修行的最高境界。惠能禅师说：“困来睡觉，饿来吃饭。无牵无挂，无忧无虑。”弟子觉得很奇怪，就说道：“这么简单的事情，你每天修行原来就做这个啊，这怎么能算得上是修行呢？”

惠能禅师说：“每个人都要吃饭，但是很多人却不能好好地吃饭，千般地去计较；每个人都会睡觉，但却不懂得如何好好平心静气地安睡，心中充满了百般的思虑；过于计较，过于思虑，内心就会被这些虚妄的杂念所困扰，就是失去了自我，成了杂念的奴隶！”

其实，禅师的意思就是：事来就来，事去就去，做什么就是什么，无须过多地去计较、去思虑，这样才能达到修行的最高境界。

其实，惠能禅师的这句话向我们道出了生命的实质，那就是平心静气地做好当下该做的事情，不苛求，不计较，不过多思虑。好好吃饭，好好睡觉，好好工作，对凡事保持淡然的态度，得意不忘形，失意不悲观。不管在任何压力下，都能以一颗欣赏的心去闲看庭前花开花落，望天外云卷云舒，获得内心的安详与宁静。但在现实生活中，能做到这点的人却很少。尤其在当今社会中，我们总被物欲牵着鼻子走，总为外界的一些是非所缠绕，不时地会愤怒、忧虑、计较，内心很少能得到片刻的安宁、祥和。而这正违背了曾子所说的“修身在正其心”的原则。整日被自我情绪所折磨的人，就连最平淡的日子也难过好，更别说要去修身养性了。

苏东坡在瓜州任职的时候，经常与金山寺的住持佛印交流做文之道，悟禅心得。两人在一起，生活得很是快乐。

有一天，苏东坡就认为自己对禅已经领悟到了一个极高的程度。为此，他就写了一首诗来阐述自己对禅道的理解，差人送给佛印。诗这样写道："稽首天中天，毫光照大千。八风吹不动，端坐紫金莲。"

佛印看到了苏东坡写的诗以后，笑着在上面写了两个字"放屁"，随后就让书童送还给苏东坡。当书童把这首诗送给苏东坡以后，苏东坡立即火冒三丈，马上动身去找佛印理论。当他气冲冲地跑到金山寺，就远远地看到佛印静静地站在江边。佛印就告诉他说："我已经在这里等候你多时了。"苏东坡看到对方这样气定神闲，就气冲冲地对对方说道："佛印啊，我们是至交，我所写的诗，你既然看不上，也不能这样侮辱人啊！"老禅师说："我没有侮辱你啊！"而苏东坡则理直气壮地把诗上面所批注的"放屁"两个字拿给佛印看，说道："这不是侮辱人是什么呢？今天我是一定要向你讨个公道的，你一定要给我一个说法才行！"

佛印听罢此话，就哈哈大笑说道："还'八风不动'呢！怎么'一屁就打过江'来了呢？"

苏东坡顿时无语。

世人总是太在乎他人的眼光和看法，然而连圣人也不可能做事处处都合他人的心意，你又怎么可以的呢？"八风吹不动"说得很容易，但是做起来却是很艰难，那需要我们能够拥有一颗安详的内心。

在当今的社会中，几乎没有人会不受情绪所困扰，保持一颗安详的内心真的很难。就拿讥讽、诋毁来说，生活中，很少会有人在面对他人的讥讽和诋毁而不为所动，心平气和。面对这些，我们难免会愤怒、不满，最终让自己陷入苦海中不能自拔。为此，我们一定要经常自省，在自省中修炼出一种“顺其自然”的平常之心，这样才有可能让自己不流于世俗，不受“八风”所困，不为外物所改变自己的心志，不做情绪的奴隶。无论遇到任何事情，如能平静地对待，并努力做到以下几点，就算得上是在修炼心性了。

遇事不虑：就是不管遇到顺心的事，或者不顺心的事，都不要过多地计较，努力用行动去得到该得到的，以平常心看待失去的，淡然生活，无拘无束。

逆境不烦：人生不如意十有八九，正所谓“月无日日圆，人无日日顺”。在我们遇到逆境的时候，一定要看清楚忧虑，并学着放下忧虑，努力忘记忧虑，不随烦恼而起舞，泰然处之，不为杂念所困，不为顺境所动，忘掉对手，忘掉胜负，这样才能品出生命的真滋味来。

不执着，不苛求：就是对凡事都不过分执着。要知道，因为执着，就会有所期待，当期待落空的时候，就会感到失望至极，甚至会烦躁不安，内心就无法获得无比的平静。反之，如果你能够施恩于人，不求回馈，不执于心，心中无施者，便能获得心灵的清静和安宁。

老死不惧：要知道，自然万物，生死仅是自然常理，我们难免会生病、衰老和死亡，为此，如果我们能够无所惧怕，意不颠倒，安然自在，拥有“死是生的开始，生是死的准备；生也未尝生，死也未尝死”的观念，便能获得来去无念的自由和惬意！

“人若无求，心自无事；心若无求，人自平安。”只要我们内心时刻都能保持“无求、无舍、无骄、无执着”的平和之心，也就能活得无比的快乐和幸福。

## “愤怒”是智慧不够的产物

在曾子看来，忿懥是影响“正心”的重要因素之一。忿懥即愤怒的心理情绪。也就是说，爱发脾气的人是难以以良好的状态去修炼身心的，更不可能达到曾子所说的“至善”的境界。心理学家指出，坏脾气，是心灵长出来的一种“戾气”，是其智慧不够的产物。其实，每个人都可能有这样的体验：阅历越广对人和事就会越宽容，这其实是对自我的一种接纳，是一种智慧。所以，要想更好地修炼你的品性，就先管好你的脾气。心灵上长出的戾气，恰恰暴露了你人生的短板。

星期天，张波与一伙朋友闲聊时谈及一位朋友：“那个家伙什么都好，就是有个毛病不好，脾气太过暴躁，爱生气。”谁知，被说的那个人刚好路过，听到了这句话，马上怒火中烧，立即冲进屋中，捉住张波，拳打脚踢，一顿暴打。

众人赶忙上前劝架说道：“有什么话，好好说，为何非要动手打人呢?”而对方则怒气冲冲地说道：“此人在背后说我坏话，还冤枉我脾气暴躁，爱生气，所以就该打!”众人听罢，便说道：“人家没有冤枉你啊，看你现在的样子，不是脾气暴躁是什么呢?”对方立即哑口无言，灰溜溜地走开了。

这个故事说明，人的坏脾气，完全是智慧不够的产物。脾气暴躁的人，遇到一点不顺心或不愉快的事就会怒不可遏，立即上去乱打一通，结果却让事情变得越来越糟糕。其因为智慧不够，所以对周围的世界与事物看不透，分不清，所以，极容易生出怨气和怒气来，长此以往，只会让众人远离，将自己推入绝境中。一个真正有智慧的人，其内在思想是丰盈的，他对这个世界、对社会和人生都有一套较为完整的看法，所以，无论遇到何事何人都会保持淡定和从容的姿态。同时，无论在任何情况下，他们都会及时转换心态，获得快乐。

在一条菜市街上，一位卖果蔬的老妇人，做人很是厚道，对客人也极为热心，无论面对怎样刁难的顾客，她都能和颜悦色地对待。另外，她的果蔬不仅新鲜，而且价格也极为公道，所以，生意总是特别好。这让与她相邻的几家小商贩很是不满。为了出气，他们每天在扫地的时候，总会有意地将垃圾扫到她的店门口。对此，这位老妇人看在眼里，却从未与他们计较，而且每次还会把垃圾扫到角落里堆起来，然后又将店门清扫得干干净净。

后来，有一位热心的人忍不住问她："周围所有人都将垃圾扫到你家大门口，你为什么一点脾气都没有呢?"老女人却笑道说："在我们家乡有个习俗，过年的时候大家都会把垃圾往家里扫，因为垃圾就代表财富，垃圾越多，就代表来年你赚的钱也越多。现在每天都会有人把垃圾扫到我这里，代表我的财运不错，我感谢他们还来不及呢，怎么会发脾气呢?"

就这样，老妇人每天都会在清扫垃圾的过程中，将有用的收起来，变废为宝，为自己带来了一笔额外的收入。

面对他人的故意挑衅，很多人都会大动干戈，怒火中烧。而这位老妇人却能及时地转换自己的心态，欣然接受，并将垃圾变废为宝，为自己赢得了财富，这难道不是一种过人的智慧吗？一个平和之人，因为有厚实的内在知识底蕴做支撑，就不会去计较个人的得与失，更不会在乎周围人对他的冒犯，也不会在乎他人的误解和世俗偏见对自己的评价，因为他的内心本身就是一个完美的世界，为此他不会色厉内荏，外强中干，更不会随意对人发脾气。这样的人，对自己与周围的人和世界都有极为强大的信念，这种信念能让他坚持自我原则，与世界万物和谐地相处，时时能以更好的心态去修炼自我的品性，或者说他们的品性已经达到一种至高的境界了。

一个富有智慧的人，内心是强大的，其有开放的意识与开放的心态，对于任何不同的声音，他都能够认真听进去，然后能用自己的逻辑、常识、常理、直觉、经验以及科学的方法去检验，所以对于他人冒犯性的行为和话语不会轻易发怒，而是会理智且妥善地解决与他人的冲突和矛盾。

所以，如果你是一个爱生气，易发怒且想改掉这些坏毛病的人，请先用书籍去充实自己的大脑，丰盈自己的内心，增添自己的智慧吧！

## 不偏执，不固执，保持一颗平常心

“有所好乐，则不得其正”，曾子认为，心有喜好是影响一个人“正心”的因素之一。也就是说，当一个人内心有偏见的时候，是不可能真正地以一颗平常心去面对世间的一切的。这其实是告诉我们，一个人要更好地修身养性，就该除去个人思想中狭隘的成分，以一颗纯净的心去面对世间的一切。这与老子所宣扬的“见素抱朴，少私寡欲”的人生境界是一致的。“见素抱朴，少私寡欲”中的“见”即见地、观念、思想；“素”乃纯洁、干净；“朴”是未经雕琢、质地优良的原木。见素抱朴正是圣人超凡脱俗的生命情操，佳质深藏，光华内敛，一切本自天成，没有后天人为的刻意雕琢。

老子主张“见素抱朴，少私寡欲”，不以圣人为标榜，不以修行为口号。做人简简单单如一张白纸，不偏执，不固执，保持孩童般纯洁单纯的心，那便是真修道。

其实，一个人在出生的时候，是纯洁无瑕的，初识世界，一切都是新鲜的，眼睛看什么就是什么，人家告诉他这是山，他就认识了山，告诉他是水，也就认识了水。然而，随着年龄的增长，经历的世事渐多，我们就发现世界是复杂的，心中难免会拂上一层厚厚的尘埃：对周围的一切充满了疑虑、不平、警惕。山自然不再是单纯的山，水自然不再是单纯的水。一切的一切都是个人主观意志的载体，总会将简单的事情复杂化，人也不再似一张白纸般那样素洁了。

刘涛最近觉得自己活得很累，晚上回家，只要看到丈夫与女同事因为工作发个短信，她就会不依不饶，说他们之间肯定有“私情”；老公在路上与女性朋友打个招呼，她马上就会问东问西，搞得丈夫最近都不愿回家了。

有时候与同事喝个下午茶，看到路边一个漂亮的女人挽着某个富人的胳膊，刘涛就会想这个女人一定是唯利是图、不正经的女人，心中会愤愤不平，在不了解对方实际情况下，她就从内心去鄙视她……

其实，生活中类似刘涛这样的女人有很多，别人一句简单的话就能看到别人“暗藏的心机”，从某个人穿着打扮就可以看出对方是否是为了引起谁的注意，甚至从别人极为单纯的眼神中就能看出对方是否对自己怀有好意……这正是“喜好”的思想所造成的烦恼。的确，现实生活中的我们太过复杂，再也难以看到山的青翠，看到水的清澈，生活中的善良和自然中的美景都被“复杂”化了，凭空给自己制造烦恼和麻烦，内心自然就会感到沉重和劳累。其实很多时候，事物原本是简单的，只是我们已经丧失了“本心”，从而丧失了欣赏事物原本真实面目的能力，外界的一切只是被个人的“喜好”所迷惑罢了。

生活有其原本的面貌，面对一切世事，只有保持一颗“本心”，才能将其看淡、看平常，如此快乐就来了。大浪淘沙沙去尽，沙尽之时见真金。大多数人都是在浮华过后才意识到本色的可贵。质本洁来还洁去，不要让尘世浮华沾染了原本纯洁的心灵。也就是说，无论我们生活在如何复杂的环境中，都要坚守自己的本性，守住生命的那份简单、善良、素洁、朴实。

## 未来不迎，当时不杂，过往不恋

“有所忧患，则不得其正”，意思是说，人内心的忧患，也是使人无法“正心”的主要因素之一。人内心充满了忧虑，总是患得患失，如何去修心养性呢！所以，要修心就应该及时袪除内心的忧虑和患得患失的纠结。

其实，生活中的许多忧虑和纠结多源于空想。为摆脱那些所谓的空想，曾国藩曾提出了一个妙方，即“未来不迎，当时不杂，过往不恋”。就是说，未来发生的事情，我根本就不迎上去想它；当下正在做的事情，不让它杂乱，要做什么就专心做什么；当这件事情过去了，我绝对不留恋。这个小妙方，其实包含三个方面的意思，一是要着眼于当下，好好把握眼前的时光，竭尽全力做好正在做的事情。二是不纠结不忧虑未来可能出现的矛盾。三是要勇于放下过去，切忌为过去的事或人而纠结或悔恨。

生活中，许多人喜欢预支明天的烦恼，想要早一天解决掉明天的烦恼。要知道，明天如果有烦恼，你今天是无法解决的。还有的人总喜欢为过去的经历耿耿于怀或悔恨不已，殊不知，昨天已经成为生命中永久的过往，你再痛苦都无法让昨天重来，何必让今天为昨天的痛苦埋单呢？其实，每一天都有每一天的人生功课要交，努力做好今天的功课再说吧！

汉宣帝继位之初，下诏想把祭拜汉武帝的“庙乐”升格，不料却遭到了当时任光禄大夫的夏侯胜的反对，丞相、御史大夫等公卿大臣们一阵惶恐，夏侯胜胆敢反对皇上的诏书，这还了得！于是便联合上了一道奏章，弹劾夏侯胜“大逆不道”。顺便把不肯在奏章上签名的丞相黄霸也以“不举劾”的罪名一道上报给了皇帝。于是这两个人被一起逮捕下狱，判了死罪，等待择日处死。

夏侯胜在当时是有名的大儒，尤其精通《尚书》，素来性情耿直，不会阿谀逢迎，如今受此大辱，郁郁寡欢，想皇上的寡恩，想人生的无常，不免心灰意冷。好在那个更冤的黄霸跟他关在了一起，寂寞之中，还有人可以说说话。

黄霸生性乐观，他早就仰慕夏侯胜是个大儒，只是无缘亲近，没想到因意外的灾祸被关进了同一间牢房，他心想："原来天天忙工作没有时间，现在时间也有了，而良师近在眼前，为什么不赶紧补上这一课呢？"黄霸便将求教之意告诉了夏侯胜。夏侯胜苦笑，说："咱们都犯了死罪，明天就要被处死了，现在读经有什么用？"黄霸说："孔子有言：'朝闻道，夕死可矣。'人应该活在当下，抓住现在，学有所得，心有所悟。今天就是快乐的，何必管虚无缥缈的明天呢？"夏侯胜听了精神为之一振，内心里大为感动，当即答应了黄霸的请求。从此两人席地而坐。每天夏侯胜都悉心向黄霸传授《尚书》，黄霸尽心听讲，二人日夜讲学津津有味，研读到精妙处。时不时还拊掌大笑。弄得监狱的看守过来察看，结果是一头雾水，搞不懂两个将死的人为什么这么快乐。

事后，有人促请汉宣帝该把夏侯胜和黄霸执行死刑了，宣帝派人到狱中调查这两个人是否心中哀痛，有悔改之意，回报说他们每天以读书为乐，面无忧色。汉宣帝心中不满，但也感叹两人之贤，不忍杀之，以至此案久拖不决。

虽然身在监牢之中，决意活在当下的夏侯胜和黄霸心无阻碍，没有什么能够束缚住他们了。时间不再是他们的敌人，因为专注于当下的事情，不知不觉间两个冬天便过去了，他们也没有感到时间的漫长，反倒是学问研究得愈加精到，思想有了长进，精神也更加充实。

两年后的一天，汉宣帝大赦天下，夏侯胜和黄霸得以出狱，不过他们并没有被逐回老家，而是又直接被宣进朝廷，夏侯胜被任命为谏大夫，留在皇帝身边，黄霸为扬州刺史，外放做官。后来夏侯胜以正直博学做了太子的老师，90 岁逝世，为谢师恩，太子为他穿了五天素服。天下儒生都引以为荣。黄霸以精明干练、政绩卓著名扬天下，后来官至丞相，

**史书评价他，自汉朝建立以来，才能卓异的丞相多多，但论到治理百姓，则“以霸为首”。**

可见，“未来不迎，当时不杂，过往不恋”是一种全身心地投入人生的生活方式。当你专注于当下，而没有过去拖在你后面，更没有未来拉着你向前时，你全部的能量都集中在这一刻，生命因此具有一种强烈的张力，这种张力甚至可以改变糟糕的现状，就像夏侯胜和黄霸一样，全然专注于当下时，所有的劫难也就自然化解了。

所以，当你在为过去或未来虚幻的事情忧虑时，记得用曾国藩的那句话提醒自己，努力做到未来不迎，当时不杂，过往不恋，当你的精力专注于当下或眼前的事情时，你脑中所有虚空的幻想便都烟消云散了。

## 全力专注于“当下”的时光

要祛除内心的忧虑，就要懂得专注于“当下”的时光。

威廉·格纳斯是一位著名的心理医生，在行医的过程中，他接触最多的就是因为焦虑或忧愁而生病的人，这些人不是总爱为过去而忧虑就是为未来而担心，长期闷闷不乐，最终损害了健康。为了能够彻底地治疗这些病人，威廉·格纳斯为他们开了一个极为简单有效的方子：他告诉这些病人，生命的每一个刹那都是唯一，只要尽力地过好生命中的每一个刹那就可以了。他的意思是说，只要把今天或当下的事情做好，只要尽力使当下快乐和满足就可以了，无须再为过去的昨天或未知的明天担忧。

他说：“我们生命的每一个时光都是唯一的，不复返的，所以我们要活在此刻，不要让明天或过去的忧愁将其浪费掉。只要你无限地珍惜此刻和今天，还有什么事情值得我们去担心的呢？每天只要活到寝的时间就够了，不知抗拒烦恼的人总是要英年早逝。”的确如此，如果我们每天都处于忧虑之中，身体早晚会被过去与未来的事情所搞垮。

过一天就努力让自己开心一天，如果我们将自己的精力更多地用在关注眼下的时光与日子，将日子分成一小段一小段，所有的事情就可能会变得容易得多。如果我们只专注于生命“当下”的时光，就没有时间去后悔，没有时间去为未来担忧，烦恼也就不存在了。

柯西是个聪明的孩子，半年前，最疼爱他的外祖母去世了，所以，小家伙很是伤心难过。因为内心的忧伤无从排遣，为此他每天都郁郁寡欢，茶饭不思，更没有心思学习了。这种痛苦的状态已经持续了大半年时间，周围的人都说他是个重感情的好孩子，但是他的父母却极为着急、焦虑，因为大半年时间里，他的忧郁已经严重影响了他的健康。

他的父母也不知如何安慰他。一次，柯西的外公来到他们家，看到如此情形，就决定和他聊聊天。

“你为何如此伤心呢?”外公问他。

“因为外祖母永远离开了我，她再也不会回来了。”他回答。

“那你知道还有什么永远也不会回来了吗?”我问道。

“嗯……不知道。还有什么会永远不回来的呢?”他答不上来，反问道。

“你所度过的所有的时间，以及时间中的事物，过去了就永远不会回来了。就像你的昨天过去，它就会变成永远的昨天，以后我们也无法再回到昨天弥补什么了；就像你的爸爸以前也和你一样小，如果他在你这么小的时候不愉快地玩耍，不好好学习，牢牢地为未来打好基础，就再也无法回去重新来一回了；也就如今天的太阳即将落下去，如果我们错过了今天的太阳，就再也找不回原来的了……”

柯西是个十分聪明的孩子，听了外公的话后，他每天放学回家就会在家的院子里面看着太阳一寸寸地沉到地平线下面，就知道一天真的就这么过完了，虽然明天还会升起新的太阳，但是永远也不会有今天的太阳了，他懂得不再沉溺于过去的悲伤之中，而是振作起来，好好学习和

**生活，认真地把握住自己度过的每一个瞬间。**

我们生命中的每一个当下都是独一无二的，它既不是过去的延续，也不是未来的承接。时间是由无数个“当下”串联在一起的，每一个瞬间、每一个当下都将是永恒。所以，当我们吃饭的时候，要全然地吃饭，不要管自己在吃什么；当我们玩乐的时候，要全然地玩乐，不管在玩什么；当我们爱上对方的时候，要全然地去爱，不要计较过去，也不要去算计未来。就像《飘》里的女主角思嘉丽一样，在自己烦恼的时刻总是对自己说：“现在我不要想这些烦恼的事情，等明天再说，毕竟，明天又是新的一天。”昨天成为过去，明天尚未到来，想那么多干吗，过好此刻才最真实，否则，此刻即将消失的时光，上哪儿去找？

人生，当下亦是真，缘去即为幻。所以，所有生活在烦恼中的朋友都要共勉：眼前的每一瞬间，都要认真地把握；当下的每一件事，都要认真地去做；生命中的每一个人都要认真地对待，别让发生过的或没有发生的占去一瞬永恒的时光，因为“缘去即为幻”，别让自己徒留“为时已晚”的遗恨。逝者不可追，来者犹可待，当下的时光是生命中最为珍贵的时光——生命的意义就是由这每一个唯一的刹那构成的。

## 自控力——个人成败的关键

“身有所忿懥，则不得其正，有所恐惧，则不得其正，有所好乐，则不得其正，有所忧患，则不得其正。”曾子所说的这段话总结起来，就是指人的坏情绪是影响“正心”的最大阻碍力。也就是说，一个人的自控力如果不够强大，不能很好地驾驭好个人的情绪，那是极难好好地“修身养性”的，也是极难达到“至善”的境界的。其实，自控力的强弱不仅是一个人能否保持内心的平静，还是一个人能否成功的关键因素，对领导者而言，自控力已经成为衡量其领导力强弱的重要标准之一。

在《道德经》中，老子曾阐述了做一个好领导者所必备的标准：“善为士者，不武；善战者，不怒；善胜敌者，不与；善用人者，为之下。是谓不争之德，是谓用人之力，是谓配天古之极。”在老子看来，要做一个好的领导者，绝不逞其勇武；善于作战的人，不轻易被激怒；善于胜敌的人，不与敌人发生正面冲突；善于用人的人，对下人表示谦下。这叫作不与人争的品德，这叫作运用别人的能力，这叫作符合自然的道理。通过此处可以看出，要做一个好领导的关键在于有极好的自控力，即控制自我情绪的能力。主要表现在：

1. “善为士者，不武”，真正好的领导，不是动武的。项羽勇猛天下无双，妄图以武力征服天下，最后却被韩信围在垓下；吕布一杆方天画戟无人可敌，却被曹操绑在白门楼之下；齐闵王、智伯依靠武力骄横无道，最终身死国破。一个最好的统帅，应该是一个知进知退，相时而动的智者，而绝不是一味逞匹夫之勇的暴虎冯河之辈。

2. “善战者，不怒”，善于战争的人，不会轻易被敌人激怒。《孙子兵法·火攻》中写道：“主不可以怒而兴师，将不可以愠而致战。”如果主将被激怒，就会失去判断力，失去判断力，就会妄为，妄为就会导致失败。

人在恼怒时，很容易丧失理智，会对周围的环境、对自身的现状都缺乏一个客观而清醒的认识，从而做出不明智的举动，明明不可为而为之，尤其是领导者，最终会造成不可挽回的损失。在关羽败走麦城、惨遭杀戮之后，作为兄长、作为一国之君的刘备，终究没能沉住气，把控好自己的情绪。

刘备历尽艰辛，终于拥有了东西两川和荆州之地，创建了帝业。然而由于关羽的失误，荆州被东吴所夺，关羽也被算计杀害。

刘备听闻，悲愤交加，立刻要起兵伐吴，发誓要为关羽报仇。

赵云劝说道："当今的国贼是曹氏，并非孙权。曹操虽然死了，但曹丕却篡汉自立为帝，神人共怒。陛下应该讨伐曹丕，而不剑指东吴。倘若一旦与东吴开战，就不容易立刻停止，其他大计就无法实施。还望陛下明察。"

刘备心知这番话的道理，确是审时度势之言。然而，兄弟之情让他的心中已充满了复仇怒火，一心向战，他对赵云说："孙权杀害了我的义弟，还有其他忠良志士。这是切齿之恨，只有食其肉而灭其族，方能消除我心中的仇恨。"

赵云再劝道："曹丕篡汉的仇恨，是大家的仇恨；兄弟之间的仇恨，是私人的仇恨。希望陛下以天下为重。"

刘备甩袖反问："我不为义弟报仇，纵然有万里江山，又有何意？"

遂起兵伐吴，欲扫平江东。但最后落得个火烧连营，白帝托孤的下场。

刘备的这一决定显然不是建立在冷静的心态之上，他已完全被自己悲伤和愤怒的情绪所控制。由此导致了他失去了应有的理智，丧失了审时度势的能力。不但复仇未成，还把自己的性命赔上，而初有所成的蜀国帝业也受到重创。

这样的失败对于刘备而言，可以说是灭顶的。感情用事的结果常常是彻底的失败，且越恼怒，造成的损失越大。

物无美恶，过则为灾，感情的流露也是如此。感性行事中有个理性"调节器"，使之适可而止，不致过盛过溢。控制好情绪，挺得住冲动，不随意发怒。遇事沉得住气，才能使目更明、耳更聪，才是图谋远虑之举，也是身为一个领导者所必备的素质之一。

3. "善胜敌者，不与"，善于战胜敌人的人，不与敌人正面交战。《孙子兵法·谋攻》中有："不战而屈人之兵，善之善者也!"杀敌一千，自损八百，与敌人正面交战导致血流漂橹，伏尸遍野是最下等的胜利方法；胜一筹的是用诡道、奇谋出其不意地攻击并战胜敌人；最好的是不战而屈敌。如何能不战而屈敌呢？就是得“道”、修德。尧舜修德于都城之中，不出一卒而天下都归顺于他们；帝辛无道，周文王修德行善，天下诸侯都听命于他；齐威王接受邹忌的劝谏，改过革新，燕赵韩魏都朝觐齐国，史称“战胜于朝廷”，这就是不战而屈人之兵。

4. “善用人者，为之下”，圣人后其身，才可以为天下先；不与天下争，才可以为天下容。统治者要想得到人心，一定要有居下、不争之心。优秀的将领，有了功劳让给部下，有了过错自己承担，和士兵们同甘共苦，同饮同居，所以将士才能拼命，在战场上才能慷慨赴难，死不旋踵。

有了这些优点，一个人才能成为合格的领导者，才能运用群策群力取得成功，这才叫作符合天道。

## 胜己者无敌：人生最大的敌人是自己

老子言：“胜人者有力，自胜者强。”在老子看来，一个人若能战胜别人，只说明其有力气，而真正强大的人，是能战胜自己的。其实，战胜自己主要指一个人能克制自己的弱点，改掉自己的缺点，敢于和内在的惰性作斗争，它考验的是一个人的自制力、毅力、恒心，真正的强者就要敢于面对、并战胜自己的偏执和欲望。

课堂上，一位同学问老师：“什么才是最令人害怕的呢？”

“你认为呢？”老师微笑着反问这位爱思考的学生。

“是孤单寂寞吗？”

“不是。”

“是被人误解？”

“不是。”老师继续摇头道。

“我知道了，是失败。”学生高兴地叫起来，他觉得自己这次肯定猜对了。

但是，老师还是摇了摇头。

这位同学低下头，思索了一下，又说道："是绝望？"

"继续想。"老师说道。

学生连续说出了十几个答案，但是都被老师否定了。

学生终于泄气了，老师就笑着对他说："就是你自己呀！其实，你刚才说的那些，比如孤单寂寞、绝望、误解等都是你自己心里的想法。你觉得自己孤单寂寞，内心才会感到孤单寂寞；你觉得自己是失败了，你才真正的失败了。归根究底，你是被你自己打败的，这样看来你最大的敌人不是你自己吗？"老师又继续说道，"同样，假如你告诉自己，我没有失败，我一定会成功的，只要我积极勇敢地面对，那么，你成功的机会就会越大。一个人，如果连自己都不怕，他还会怕什么呢？将来你若想取得成功，就要勇敢地战胜自己的内心，让自己从内到外真正强大起来，你就离成功不远了。"

的确，人生最大的敌人是我们自己。生活、工作以及感情中遇到的所有烦心事，虽然有外界因素的影响，但是其实更多的是因为我们的内心产生了一些无法排解的情感。人常说："相由心生"、"境由心生"。其实只要我们自己的内心足够强大，外界环境的因素根本不能侵害到我们。正所谓，天气变化我们无法控制，但是我们可以控制自己的心情；周围的环境我们无法改变，那就改变自己的心态。

心理学上有一种叫"瓦伦达心态"的现象，说的是这样一个故事：

瓦伦达是一位美国著名的高空走钢丝表演者，在一次极为重大的表演中，不幸失足身亡。事后，他的妻子这样说道："我已经预想到他会出事了。因为他上场前总是不停地说，这次太重要了，不能失败，绝对不能失败；而以前每次成功的表演，他总全身心地想着走钢丝这件事情，而不去管这件事情所带给他的一切结果。"

这就是心理学上著名的"瓦伦达心态"，即指一个人为了达到一个目的总是患得患失的心态。

一项研究表明，人体大脑中的某一个图像会像实际情况那样刺激人的神经系统。比如一个高尔夫球手击球前一再告诉自己“不要把球打进水中”时，他的大脑中往往就会出现“球掉进水中”的情景，结果真的就将球打进了水中。这项研究是从反面证实了瓦伦达心态。这种心态充分说明了，一个人真正的敌人是内在的自己，而非外界的环境。一个能战胜自我的人是无敌的。

杰克是美国一家铁路公司的一位调车员，他工作认真而负责，但有一个缺点，就是对自己的人生很是悲观，经常以否定的眼光去看周围的世界。

有一天，下班后，其他同事都急急忙忙地回家了。不巧的是，杰克不小心被关在了一辆冰柜车里，任凭他如何努力，总是无法把门打开。于是他就在冰柜中拼命地敲打着、叫喊着。可因为除他之外全公司的人都走完了，没有一个人来给他开门。杰克的手敲得红肿，喉咙喊得沙哑，也没有人理睬他，最终，他只是绝望地坐在地上喘息。

他想：冰柜中的温度如果在零下 20 度以下，在里面待不了多久，便一定会冻死的。于是，他愈想愈可怕。最终，只好用发抖的手，找来纸和笔，写下了遗书。在遗书中，他这样写道：在这么冰冷的冰柜中，我一定会被冻死的，所以……当第二天公司的所有职员都打开冰柜时，就发现了杰克的尸体。同事们感到万分奇怪和惊讶，因为冰柜中的冷冻开关并没有启动，而这巨大的冰柜中也有足够的氧气，在这样的情况上，人不应该被冻死的！

最终的尸检报告也显示，杰克并非是死于冰柜中的温度，而是死于他心中的“冰点”。

在前进的过程中，每个人心中都潜藏着“冰点”，人只有超越了这个“冰点”，才算战胜了自我，才能生出积极的心理来，在此过程中他们会坚信自己一定能行，一定能够办好自己想做的事情。

常言说，一个人征服世界并不伟大，一个人能征服自己，才是世界上最伟大的人。打败别人容易，而战胜自己却很难。一个人若想成功，若想超越他人，首先就要树立起成功的信心，超越自己。

# 第九章 齐其家在修其身

本章主要讲明了一个道理：身不修不可以齐其家。在曾子看来，人人都有私心，面对自己喜欢或厌恶的人，往往难以用正确、客观的眼光去评价和对待他们。也就是说，一个人再清醒，也难以看到自己身边人的过错。所以，齐家之道就在于修身，只有言传身教才能将家人教育好，否则上梁不正下梁歪。

## 原文

所谓齐其家在修其身者，人之[①]其所亲爱而辟[②]焉，之其所贱恶而辟焉，之其所畏敬而辟焉，之其所哀矜[③]而辟焉，之其所敖惰[④]而辟焉。故好而知其恶，恶而知其美者，天下鲜矣。故谚有之曰："人莫知其子之恶，莫知其苗之硕[⑤]。"此谓身不修不可以齐其家。

## 注释

①之：即"于"，对于。

②辟：偏颇，偏向。

③哀矜：同情，怜悯。

④敖：骄傲。惰：怠慢。

⑤硕：大，肥壮。

## 译 文

之所以说先修身养性才能管理好自己的家庭或家族，是因为人们往往对自己的至亲都会过分偏爱；对自己所厌恶的人则会过分偏恨；对于自己所敬畏的人则会过分敬畏；对自己同情的人会过分同情；对于自己所轻视的人则会过分轻视。因此，很少有人喜爱某人而看到那人的缺点，厌恶某人又看到那人的优点。所以有谚语说："人都不知道自己孩子的坏，人都不满足自己庄稼的好。"这就是不修养自身就无法管理好家庭或家族的原因。

## 经典解读

本章主要讲的是，修身养性的关键在于克服自身情感上的偏私：正己，然后再正人。同时也说明一个道理：为何人要先修身才能齐其家。

这段也在阐述儒家所倡导的个人自修的目的：修身是为了齐家。在此之前，曾子提出的格物致知、诚意、正心都是个人修身的必要阶段，而儒家修身的目的就是要齐家、治国平天下。这也是儒家进修阶段由内向外展开的起始段。也就是说，我们可以通过格物致知、诚意、正心的自修阶段，使自身达到一个较完善的境界，然后再开始处理人与人之间的关系，即从家庭走向社会，从独善其身到齐家再到兼善天下。当然，这个程序仍然是由内向外推：首先是先处理好与自身密切相关的家庭关系，再治国、平天下。

本段也指出，人都会根据亲疏去判断人的好与恶，对自己的亲人、敬仰和同情的人都会有偏爱，而对自己所厌恶、轻视的人都会有所偏恨，所以一个人不修身，通过正自己去正人，不去摆正自己的态度，排除个人的偏私之见，是难以治理好一个家庭或家族的。这也是曾子为何将修身放在治家前面的原因了。同时，一个人如果不修身正己去打理家庭或家族，就会像有人所告诫的那样："坏家庭无法养育我们纯洁的灵魂，倒有可能成为我们自掘的墓场。”也就是说，一个人不修身就去治家，那么家庭有可能就会变成人生灾难的始发地。

**哲理引申**

## 不修身，就难以齐其家

欧阳修有句名言：“祸患常积于忽微，而智勇多困于所溺。”意思是说，那些大祸常常是因为不注意小事造成的。而智勇双全的能干的人也是被自己所喜爱的东西所困。这与曾子所说的“人莫知其子之恶，莫知其苗之硕”的意思是相通的。

每个人对自己至亲的人都会怀有偏私，所以即便你再清醒，也很难看到家人或与自己亲近的人身上的缺点，与自己疏远的人即便再好，也难以看到其身上的优点，所以很难管理好自己的家庭或家族，而人只有先修身，达到很高的精神境界了，才能祛除内心的偏爱与私心，同时，也才能以正确的行为去引导或指导家人。这也就是曾子所说的“身不修不可以齐其家”的主要原因。

春秋时期郑国第二任国君郑武公在申国娶了武姜氏为妻，不久，便生下庄公和共叔段。庄公出生的时候脚先出来，武姜受到惊吓，所以就很是厌恶他。武姜氏唯独偏爱自己的次子共叔段，自开始就想立共叔段为世子，曾经多次向武公请求，但都未获得应允。

到庄公即位的时候，武姜就替共叔段请求分封到制邑去，制邑是个险要的地方。后来，共叔段扩充地盘，招兵买马，准备偷袭郑国。武姜打算开城门做内应。庄公便在鄢城打败了段。战后，庄公就把母亲武姜安置在城颍，并且发誓说：“不到黄泉，不再见面！”

而引发这段历史根源的便是郑庄公母亲的偏心，偏爱庄公的弟弟所致。

在一个家庭中，做父母的如果膝下有两三个子女，能真正做到无偏无私的，普天之下，可以称之为贤圣父母了，这样的父母是极少见的。因为人人都有私心，都有自己的好恶，对某人有所偏爱或厌恶都是正常的。所以，要管理好自己的家庭，修身就显得极为重要了。也就是说，只有修养身心，才能以正确和公平的态度去面对生活中的每一个人。不因为某人做过一点好事就认为他是好人，更不因为某人做过一点坏事，就觉得他是个坏人。为人处世不被个人的喜好或情绪所左右，这也是修身极为重要的一点。其实，管理团队中也是如此，一个管理者或者领导者，必须是一个道德、品行端正的人，这样才能一方面以公平、公正的眼光去评价和评估你的下属，做到不偏不倚，奖罚有度，公平合理，另一方面也可以做好表率，成为下属学习的榜样，引导一个团队向良性的方向发展。否则，一个没有良好修养和品德的领导是难以带好一整个团队的。

曾子说："莫知其苗之硕。"自己种在田地里的庄稼苗，不晓得它是否长大，因为特别希望其长大，所以每天会到田里看看，但每看一次还是那么高，其实它天天在长，只是在自己面前的往往难以看见。同理，一个人就是再清醒，而对自己身边人的过错是难以看清楚的，此谓"自不修不可以齐其家"，齐家之道就在于修身，言传身教，否则上梁不正下梁就歪，这样的人是难以经营或管理好自己的家庭的。

## 桃李不言，下自成蹊

"身不修不可以齐其家"是曾子的主要观点。在他看来，一个人如果缺乏德行，不能以身作则，是难以管理好一个家庭的。而如果一个人勤于修身，用高尚的品行去引领家人的行为，用美德去感化家人，才能从根本上管理好家庭或家族。可以说，一个人的道德修养对管理一个家庭来说是极为重要的。

孔子曾经说过："吾未见有好德如好色者也。"这是一个遗憾的事实，人们都知道应该追求一些高尚的东西，但对德行的追求却远不如对欲望的追逐那么迫切。显然德行的吸引力对大多数人来说是非常有限的。荀子认为人天生就有趋恶的倾向，由恶变善唯一的途径就是学习，然而美德之类的东西并不能引起人们广泛的兴趣，那么他凭什么相信人人都能变成像大禹那样的圣人呢？

好德虽然未必能给人带来直接的利益，却能给人带来受用不尽的益处。有人也许认为自己做了好事也未必会被知晓，即使被知晓了也可能得不到回应，书上总是强调施比受更幸福，鼓励人们默默无闻地付出，可有时付出了也未必能换来别人的感激啊。对此荀子在《劝学》篇中说："昔者瓠巴鼓瑟，而沈鱼出听；伯牙鼓琴，而六马仰秣。故声无小而不闻，行无隐而不形。玉在山而草木润，渊生珠而崖不枯。为善不积邪？安有不闻者乎？"意思是昔时瓠巴鼓瑟，鱼儿也会浮出水面倾听；伯牙鼓琴，马儿也会仰头静听。不要以为声音微弱就不会被听到，行为隐秘就不会被发现。深山藏有宝玉，草木便非常滋润，珍珠坠入深渊，崖岸的芳草就不会枯萎。哪有积善积德不被广泛颂扬的呢？

的确，品德高尚的人能成就美名，不会因为自己不事张扬而不被认可，美好的品德犹如美妙的音乐一样，具有不可抗拒的魅力，即便行为低调也能被发现、被感知。品行高洁的人就如同幽谷的美玉一般，是不可能被埋没的。也就是说，好德并非是一点好处都没有的，它既能造就自己，又能成就自己。即使以"润物细无声"的形式做好事，也会被发现，这就是桃李不言，下自成蹊的道理。

李广是汉代赫赫有名的飞将军，他屡立奇功，为大汉王朝的稳定和长治久安立下了汗马功劳。虽然功绩卓著，身份显赫，他却从来不盛气凌人，对部下和百姓都非常和善，还常常和麾下的士兵同甘共苦。朝廷的赏赐他从不将其据为己有，而是在第一时间把所有的赏赐都分给了麾下的官兵。遇到补给不足的情况，他甘愿和士兵一起忍受饥饿，未曾利用特权独享过食物。两军交战时，他每次都身先士卒，作战非常勇敢，作为统领千军万马的大将，他经常冲锋陷阵，和普通士兵一样经历过无数出生入死的考验。在他的带领下，士兵们士气大增，全都奋勇杀敌，一次又一次地力挫敌军。

李广戎马一生，是位杰出的军事家，他用高尚的品德感动了很多人，深受士兵的敬仰和爱戴，连敌军对他都怀有三分敬畏之心。可是这位叱咤疆场的大将军非常不善言谈，他默默地驻守边防，任劳任怨地奉献了一生，并不为军界以外的人所熟知。后来李广去世了，将士们听到这个消息全都伤心地痛哭起来，很多不熟悉他的老百姓也都为他伤心难过，虽然很多人和李广没有太多接触，但在人们心目中，李将军就是当之无愧的英雄，论才干和人品都是举世无双的。著名的史学家司马光在为李广立传时，用“桃李不言，下自成蹊”八个字高度评价了李广的一生，颂扬其高尚的美德。

荀子认为君子之德不彰自显，不慕虚荣却能获得更大的荣耀。普通人如果长期受到熏陶，努力学习君子的德行，也能成圣成贤。

## 欲树人，先立己

自古以来，就有“养不教，父之过”的说法。所有的人都由父母所生，并在父母的呵护下长大。大教育家福禄贝尔说：“国民的命运，与其说操纵在掌权者手中，不如说是握在母亲的手中，因此，我们必须努力启发母亲——人类的教育者。”日本有这样一句谚语：“教育男性，可以振兴一代人，而教育女性，会振兴一个民族。”这些说的都是父母在家庭教育中的重要作用。不可否认，乐观向上的父母，带给孩子的是积极美好的影响，而整日都陷入忧郁情绪中的父母给孩子带来的则是消极的影响，可以说，在人的一生中，父母对家庭教育所起的作用是关键性的。家庭教育是任何教育所不能替代的，如果忽视它，一切教育将会成为无本之木。因此，做父母的应该明白“欲树人先立己”的道理，努力提升自身的修养，以积极的人生态度为孩子树立一个学习的榜样。

古人常以“厚德笃行，立己树人”作为对教育工作者的要求，说明了身体力行，个人德行的重要性。“厚德笃行”中的“厚德”语出《易经》：“地势坤，君子以厚德载物”，其意思为，有深厚道德的人才能担当大任。同样，身为教育者或者父母，只有深厚的道德，才能担负起教育他人或子女的重任。笃行，即忠贞不渝、专心致志地付诸行动。厚德笃行，就是将深厚的道德不折不扣地贯彻落实到教书育人的始终。所谓的立己树人中的“立己”即立修身之德。树人，即培养人才。立己树人就是要求教育者或者父母要加强自身修养，树立良好的形象，以高尚的品格、渊博的知识，去影响和教育学生或子女，从而培养出有用的人才。

小辉是一名上小学一年级的学生，一天去上学的路上他看到一个卖风筝的，便吵闹着让爸爸给他买风筝，并央求爸爸星期天带他去人民广场放风筝。爸爸因为着急上班，便随口答应了孩子，并嘱咐道：“只要你在学校乖乖的，爸爸一下班就过来给你买。”小辉听罢，高兴极了。

到了下午，小辉放学了，看到爸爸空着手来接他，便失望地问：“我今天在学校表现很好，老师还表扬了我，爸爸为何不给我买风筝呢?”爸爸则十分不耐烦地说：“星期天再说吧，我现在要把你送到奶奶家，晚上我还有应酬呢!”这让小辉很是失望和难过。

接下来的几天，小辉的表现让爸爸着实吓了一跳。一天，老师打电话给小辉爸爸，问小辉最近没去上学的原因。小辉的爸爸很是惊讶，因为他每天早上都会亲自把儿子送到学校门口，并看着他走进了校门才转身离开，儿子怎么可能没去上学呢？晚上爸爸无论怎么问，小辉都不承认自己没去上学。

在无奈之余，爸爸就把小辉狠狠地揍了一顿。最后，小辉便一五一十地交代了他最近几天的所作所为。原来，每天等爸爸把他送到学校门口后不久，他便会溜出学校。学校附近有一家游乐场玩，他说游乐场有很多小朋友，不仅好玩，而且还不用学习，不用受老师的管教。他在那里待着也不着急，反正书包里有吃的、喝的，还有他喜欢看的小人书。一到中午，他就会像往常一样到学校食堂去吃午饭，下午放学还会准时回家。如果老师不打电话，爸爸到现在还被蒙在鼓里呢。

很显然，小辉之所以对爸爸撒谎，在于爸爸没有以身作则。诚信是立身之本，是人一生最为宝贵的一种精神财富，它能让孩子挺直脊梁、光明磊落地做人，还能给孩子以力量和耐力。很多父母都希望孩子有诚信的品质，但很多父母却不能以身作则，当面一个样，背后另一个样，父母这样的行事风格，是无法教出优秀的孩子的。

著名作家米兰·昆德拉说："所谓人生，即是周而复始的诚实、友好、信任的给予与被给予。"真正的教育就应该帮助孩子去实现这种美好的人生，而父母也应该在生活中时时刻刻贯彻这样的理念，为孩子树立好的榜样，先做好自己，再去"树人"。

## 榜样的力量是无穷的

曾子用"修其身方可齐其家"的理论，进一步强调了家庭教育"以身作则"的重要性，认为只有父母修好身，以道德的力量去感化家人，才能达到"上梁正下梁亦正"的效果。从一个侧面也强调了榜样的力量是无穷的。其实，为人树榜样以达到"不令而行"的良性效果，不仅在家庭生活中实用，在现实生活中也是极为实用的。

这是一个发生在一幢居民楼里的真实故事：

小区因为无人管理，大家都会把垃圾倒到巷子口的一块空地上，时间长了，搞得小区门口的那块空地遍地狼藉，恶臭熏天。后来，环保部门根据小区居民的建议，便在小区门口摆了好几个垃圾箱。从此，这里的卫生状况便有了好转。可是时间一长，问题就来了，垃圾箱周围又散乱地堆起了各种脏物，一到夏天，就会蚊蝇成群，臭气扑鼻。只因有人倒垃圾的时候少往前跨了几步，垃圾没扔进垃圾箱。半天不到，脏物便延伸到了路中心，行人虽然牢骚满腹，也只好踮起脚尖屏住呼吸快步通过。

终于有一天，墙上出现了一行字：请上前几步倒垃圾！措辞很和善。

可是没用，乱倒垃圾的现象依旧。

一天，人们发现墙上的字改了：禁止乱倒垃圾！态度比较严肃了，语气是命令式的。可是十几天过去了，情况仍未有好转。

于是墙上的字换成了：乱倒垃圾者罚款100元！口气变得很威严，好像极具震慑力。可还是没人理睬，依然乱倒，依然狼藉。

事情虽然不算大，却令人烦心。可又有什么办法呢？

谁也没想到，今年以来情况居然发生了奇迹般的转变，再没有人在这里乱倒垃圾了，周围也找不到一点儿脏物，墙上那条改换了多次的标语也不见了。

这是怎么回事呢？这和一个人有关，他住进了这栋楼里。这是怎样的一个人，有这么大的本事改变人们的恶习呢？他不是政要，不是名人，不是劳模，也不是哪里派来的卫生监督员，他是一个年届花甲的老人，而且还是个盲人。自从他和老伴儿住过来之后，每天早晨他做的第一件事就是出门走30米去倒垃圾，奇怪的是，他总能准确地把垃圾倒进垃圾箱里。

有人问他："大爷，您双目失明，怎么能把垃圾倒进箱里去的？"

他答道："开始也倒不准，时间长了，我心里就有数了。"

人们退而思之，叹服不已。好一个"我心里有数"！

其实人人心里都有数。盲人想得很简单，也很坚定：垃圾是应该入箱的，否则就会脏了环境。所以他每天默默地数着脚步，一步一步，开始由老伴儿搀着，后来独自摸向垃圾箱，准确无误地将垃圾倒进去。

榜样之所以能发挥惊人的力量，是因为人们的善良、仁德和良知很容易会因为某种外来的善举而被激发出来，人们为此会在潜移默化中改变自己的行为。所以，无论在家庭生活中，还是在社会生活中，我们要想改变他人的恶习，那就先积极地以身作则。尤其是在与人交往时，要想对方对你怎样，那就先去怎样对待对方，这样才能赢得他人的尊重。同时在工作或个人奋斗过程中，榜样对一个人也有积极向上的促进作用。

一位父亲带儿子到梵高的故居去参观，在看到那张小木床和裂了口的皮鞋之后，儿子十分惊讶地问父亲：“梵高不是位百万富翁吗?”

父亲答：“梵高是个连妻子都没娶上的穷人。”

第二年，这位父亲带儿子去丹麦，在安徒生的故居前，儿子又困惑地问：“爸爸，安徒生不是生活在皇宫里吗?”

父亲答：“安徒生是位鞋匠的儿子，他就生活在这栋阁楼里。”

这位父亲是一个水手，他每年都往来于大西洋各个港口间。这位儿子名叫布拉格，他是美国历史上第一位获普利策奖的黑人记者。

20年后，在回忆童年时代的这段经历时，他说：“那时我们家很穷，父母都靠卖苦力为生。有很长一段时间，我一直认为像我这样地位的黑人是不可能有什么出息的。好在父亲让我认识了梵高和安徒生，这两个人告诉我，上帝没有这个意思。”

很显然，布拉格之所以在后来能成才，正是因为榜样的积极作用。梵高和安徒生创造奇迹的形象已经在他幼小的心灵中萌生了一种力量，这种力量促使他不断向前，最终促使他走向成功。所以，无论在家庭教育中，还是在社会中，我们都要努力塑造和运用“榜样”的力量去感化他人，并懂得时时完善自我，时时严格要求自己的言行，处处以身作则，争取为他人树立良好的榜样，让“榜样”在他人的人生前进道路上发挥重要、积极的作用。

## 身先士卒做表率

“以身作则，用典范、榜样的力量去感染他人和成就他人”的理论，不仅可以运用在生活中，在现代管理中也有广泛的运用。

史瓦兹·柯夫将军曾这样说，下令要部下上战场并不算是英雄，身先士卒上战场才是英雄好汉。这说明领导者的榜样作用具有极大的感染力与影响力，是一种无声的命令，这对部下的行动是一种极大的激励。

唐太宗李世民是古代贤能君王的代表，在他的政治生涯中，无论是打江山还是守江山都善于运用“身先士卒做表率”的方式去管理下属。

在初唐统一战争的诸多战役中，李世民都会冲锋在前、身先士卒。在与王世充的对战中，他命令秦叔宝、程知节、尉迟敬德等将领统率骑兵轮番向敌军发起攻击，而他本人更是参加了每一次攻击并亲自率队为前锋。

有一次，李世民带领五百骑兵巡视前方地形，却被敌人骑兵包围。敌将单雄信挺槊直取李世民，幸好赶来救援的尉迟敬德跃马而出，将单雄信刺落马下，掩护着李世民突出了包围圈。

还有一次，李世民与窦建德交兵，因情形紧急，李世民只带了尉迟敬德一员大将与几个士兵前去诱敌，引得窦建德五六千骑兵追杀过来。李世民毫无惧色，亲手射死一员敌将与几个士兵，尉迟敬德也杀死了十几个敌兵，几千骑兵居然吓得不敢再往前追。

作为全军统帅，李世民几乎在每场战役中都会身先士卒，带头冲锋，他的这种气魄大大激励了全军将士的士气，使他们个个都奋勇争先，为夺取作战胜利提供了强大的精神保障。

李世民身先士卒的英勇精神，不仅表现在建唐初期，在他登上帝王之位后，他仍是这样做的。唐朝前期，社会经济衰落，百姓生活困苦，李世民倡导节俭的生活。他身先士卒，衣服用品从不讲求奢华，饮食宴庆也不铺张浪费，因而带动了宫中的朴实风尚，为当时励精图治的治国政策的施行树立了榜样。

现代的企业管理者也应该以李世民为榜样，尽力做到身先士卒，积极参与。如果一位领导者在台上大讲特讲某项任务的重要性和紧迫性，号召广大员工加班加点，但台下员工看到的却是领导者漫不经心的态度，这是肯定不能调动起员工的积极性，让任务顺利完成的。

海尔集团总裁张瑞敏说：“领导者本身的行为也是整个企业的风向标，所有的员工都会拿它作为参照物。”为此，在日常管理中，管理者也应该勇于承担责任，身先士卒，为下属做榜样。尤其是在遇到紧急情况时，如果领导待在办公室里发号施令，而不敢带领同人奋斗在第一线，不仅无法打造一个有战斗力的团队，而且只会使得下属离心离德，不愿奋力一搏。

当然了，管理者要想带动下属认真负责，自己首先就要积极参与到公司的日常业务中去，身体力行。只有这样，才能给员工作出表率，在公司中建立起榜样文化。

其实，对于任何一个团队或企业来讲，管理者是一个特殊人物，其行为对下属或员工起着表率作用。松下幸之助认为，要提高商业效益，首先老板就要以身作则，起好带头作用。

著名企业家土光敏夫也认为，在制度面前，管理者如果能够以身作则，身先士卒，不仅能够为企业带来巨大的经济效益，而且还是企业培养员工敬业精神的最佳途径。

俗话说，领导动，部属也跟着动。在土光敏夫接管东芝电器公司时，东芝已经不再享有电器业摇篮的美称，其生产经营状况每况愈下。土光敏夫上任以后，每天都巡视工厂，访遍了东芝设在日本的工厂与企业，他亲自到车间与员工一起吃饭，闲话家常。早上上班，他总会比别人早到半个小时，站在厂门口，向工人问好，率先示范。东芝内部员工受这种气氛的感染，增加了相互间的沟通，士气也大振。不久以后，东芝的生产恢复正常，并得到了极大的发展。土光敏夫有这样一句名言："上级全力以赴地工作就是对下级的教育。职工三倍努力，领导就需要付出十倍的努力。"如今的日本东芝电器公司能跻身于世界著名企业的行列，与土光敏夫以身作则，身先士卒的管理方式是密不可分的。

企业管理者在日常工作中，要学会率先示范，以身作则，努力工作，这种热情与精神会影响到下属，让大家都形成一种积极向上的态度，形成热情的工作氛围。可以说，管理者的榜样作用具有强大的感染力和影响力，它是一种无声的命令，对下属的行动是一种极大的激励。

## 打铁还需自身硬：喊破嗓子不如做出样子

在领导学中有一个理论：打铁还需自身硬，就是说要想管理好下属，让自己的政令能顺利地得到贯彻，首先得从自我做起，即正其身才能做表率。对此，孔子有同样的论调，《论语·子路篇》中孔子说道：“苟正其身矣，于从政乎何有？不能正其身，如正人何？”即为，一个人如果能端正自身的言行，管理政事又有何困难的呢？如果不能端正自身的言行，如何能端正他人呢？在这里，孔子是告诫领导者必须要端正自身的行为，只有自身的行为正当，即使不定任何法令、约束，人们也会自然而然地效仿，走上正道。但是，如果领导本身的行为不当，胡作非为，这样，即使定下了严格的法令、法律，人们也是不会听从的。就如李嘉诚所说，一个好的管理者，首要的任务就是自我管理，领导者只有先管理好自己，才能对下属产生直接的影响。要求员工一定要做到的事，自己首先要做到，空喊一千遍空洞的口号，比不上一个具体的行动更加令人信服。

俗话说：“喊破嗓子，不如做出样子。”领导的言传身教比任何强有力的话语都更能感染员工，领导的所作所为如何能获得员工的认可，就会成为大家争相学习和效仿的榜样，而榜样的力量通常是无穷大的。领导者想要带出一个团结上进、永葆青春的队伍，必须身体力行地做出示范，发挥自己的榜样作用，具体应做到以下几点。

1. 说到做到，不做“思想上的巨人，行动上的矮子”。

领导者是企业的核心人物，是团队的带头人，所以一定要注意自己对于员工的影响。不能只说不做，单方面要求员工按照规定行事，而自己只负责发号施令和思考，从不身体力行。领导者的行为员工一直都看在眼里，如果领导总喜欢扮演思想家的角色，从不用实际行动来证明自己的观点，那么员工便会认为这样的领导表里不一，当然也不愿意主动配合他的工作，只会表面上应承和附和，实际上却不执行指令。

2. 领导者要言必行、行必果，制定规则，就必须首先带头遵守规则，想要带动大家努力工作自己首先要有奉献精神，只有这样，员工才能遵规守纪，愿意追随领导埋头苦干。表率作用可以产生巨大的影响力，它能在员工心中形成一种无形的感召力，进而转化为积极的行动。

3. 要成为执行的榜样。

在日常管理工作中，困扰许多领导者的一大难题就是员工的执行力不足。若要真正解决这一难题，领导者必须带头模范执行、严格执行自己的工作，为全体员工树立标杆，以此产生示范效应。领导者只有让自己变成一个完美的执行者，才能带动员工提升执行力，解决团队执行不力的弊病。

4. 严于律己，率先垂范，提升个人影响力。

领导者必须以高标准要求自己，为员工起到率先垂范的作用。领导者的领导力往往是由其榜样作用确立起来的，身先士卒的领导者比善于说教的领导者更具有领导力。领导者只有自己达到了高标准才有资格要求员工，否则员工根本不可能从心里敬服。领导者在号令员工时自己首先要做出样子，不要妄图自己什么都不做，就能轻而易举地遥控员工，影响力不是说出来的，而是做出来的，领导者只有把事情做到位，才能影响员工把工作做到位，从而带领团队迈向一个崭新的台阶。

## 少些成见，不戴有色眼镜看人

“人之其所亲爱而辟焉，之其所贱恶而辟焉，之其所畏敬而辟焉，之其所哀矜而辟焉，之其所敖惰而辟焉。故好而知其恶，恶而知其美者，天下鲜矣。”这段话曾子虽然是用来说明不修身者思维和眼界的局限性，但也从侧面告诉我们，“偏见”是人人都容易犯的毛病，尤其是在评判某人的时候，我们总是带着这样或那样的“成见”，总是会戴着有色眼镜去看人，很少有人能客观正确地评价他人。

如果一个人对另一个人有偏见，那么他就不能清楚地了解对方，也不能对对方做出正确的评价。在与之交往的时候容易进入误区，进而激发矛盾，使两者之间的关系处于紧张之中。这种现象在心理学上称为“成见效应”。陷入“成见效应”中的人，只会根据某人的一些坏的或好的特征，就对他的本质或者全部特征下结论，这是十分片面的。这样会让你陷入认识的误区，如若带着坏的特征去评判某个人，只会让自己陷入不良的人际关系之中，从而会生出许多烦恼和痛苦来。

今年36岁的梅珊毕业于某名牌大学，还出国深造过。而且她本人也长得漂亮，这么好的条件本应该会发展得很好，但是，在她参加工作后的6年时间里，已经换了3次工作了，每次辞职都是因为与同事合不来。其实，工作单位和待遇都不错，但她总觉得周围的同事太俗气，学历低，没什么素质，她内心总认为他们根本不配与她合作。为此，她自己也十分苦恼。

苦恼归苦恼，还是要好好找份工作安定下来，毕竟经常跳槽还是会影响职业前途的。这次梅珊还特意选择了一家大公司，成为公司生产部门的主管。但是，她做这份工作还不到4个月就与同事发生了争吵，在以后的日子中，她与同事的矛盾也是不断。

她与同事莉莎是平级。莉莎是公司的老员工，只有高中学历，是靠十几年的资历才当上生产管理人员的。有一次，梅珊因为一个生产计划就与莉莎产生了分歧，两人为此还发生过争吵。在争吵中，梅珊口无遮拦，当场就对莉莎说：“只有学历低的人才能想得出这么荒谬的方法来！”从此以后，两人的摩擦不断。类似这样的事情，不仅发生在她与莉莎之间，还发生在她与其他同事之间。为此，梅珊很是痛苦，自己觉得工作太不顺利了，与同事之间太难合作，心理压力极大。

梅珊之所以与同事合不来，多数原因是因为她对周围的同事都有成见，只认为别人的学历太低，工作能力不如自己。其实，这也是由她太过自我，太过清高的心理造成的。要知道，任何企业都是一个团体，都是由不同能力的人组成的，如果你太过清高，常戴有色眼镜看人，最终只会被团体所隔离，处于紧张的人际关系之中了。

要知道，世界上的每个人都是不尽相同的，都有自身的优点和缺点，也都有属于自己的人生使命和人生价值，我们如果总是拿别人的缺点来说事，总是不断地以挑剔的眼光去对待别人，只会让周围的人远离，也总会置自己于痛苦之中。所以，当我们因为某人的行为而感到厌烦时，要懂得转变自己的观念，多去发现他身上的优点。同时，在因为某些原因而喜欢一个人时，也要以客观、冷静的眼光去发现其身上的缺点，这样才不会使自己在与他人交往的过程中出现这样或那样的烦恼，才能正确地识人、交友。当然了，要在生活中做到这些，我们还要做到以下几点。

1. 要主动反省自己。

在与他人发生矛盾或冲突时，要注意反省自己，如果认识到矛盾的产生由自己引起，那么就应该主动道歉，积极地与对方进行沟通，这样便可以很快地化解矛盾。

2. 不要让成见左右了你。

成见是影响人际关系的阻碍。无论在生活中还是在工作中，如果你对哪个人有成见，那么，在与之交往的时候就要多一些耐心，让他们用切实的行动去证明他们，多与他们沟通，然后就可以消除成见，愉快地与他们交往或合作。

3. 与他人加强沟通。

沟通是消除人与人之间隔阂的有效手段，主动沟通是消除成见的重要方法。所以，在生活中要经常与他人进行沟通。当然了，沟通要真诚，开诚布公、坦率交流，就事论事。在没证实别人的能力或没有搞清楚状况之前，一定要沉着冷静，友好地与他人相处。

# 第十章 治国必先齐其家

本章主要阐述“治国必先齐其家”的道理。在曾子看来，治国的根本在于教化民众。一个人如果有厚重的德行，就能将家庭治理好，还能在无形之中感化他人，教化民众，不自觉地达到“治国”的目的。相反，如果一个人无治家之本，那么就算给其再高的职位，也是无法治国的。

## 原文

所谓治国必先齐其家者，其家不可教而能教人者，无之。故君子不出家而成教于国。孝者，所以事君也；悌[①]者，所以事长也；慈[②]者，所以使众也。《康诰》曰：“如保赤子[③]。”心诚求之，虽不中[④]不远矣。未有学养子而后嫁者也。

## 注释

①悌：本义指敬重乡中长辈，古时候乡中皆是同族，后指敬爱兄长。

②慈：指父母爱子女。

③如保赤子：《尚书·周书·康诰》原文作“若保赤子”。这是周成王告诫康叔的话，意思是保护平民百姓就如母亲爱护婴孩一般。赤子，指婴孩。

④中：这是指达到目标。

**译　文**

之所以说治理国家必定要先管理好自己的家庭或家族，是因为没能管教好家人而能管教好别人的人，是没有的。所以，有修养的人在家里就受到了治理国家方面的教育：对父母的孝顺可以用于侍奉君主；对兄长的恭敬可以用于侍奉官长；对子女的慈爱可以用于统治民众。《康诰》说："如同爱护婴儿一样。"内心真诚地去追求，即使达不到目标，也不会相差太远。要知道，没有先学会了养孩子再去出嫁的人啊！

**经典解读**

从组织关系上来说，家是国的细胞；从治理能力上来讲，齐家是治国的根本。齐家的主要方法就是教育自己家族的人，治国的主要方法就是教化国民。自己家族里面的人都教育不好，是不可能去教化好国民的。而能教育好自己家庭或家族里的人，就是不去治国，不任公职，其德行也能在无形中教化国民。在曾子看来，教化国民的内容和教育家庭成员的内容是一致的。

在国家机构中，要处理的人事关系无非是事君、事长和事众三方面的内容，即帮助最高领导实现事业的终极目标，协助上司完成各项任务和协调组织手下完成各项任务。这些关系其实就是家族成员之间关系的延伸，所以以"孝道"事君，成就忠诚；以"悌道"事长，成就敬重；像对待婴儿一样以慈爱服众，成就齐心协力。人在这样的组织氛围中工作，必然心情愉悦，顺心而从，无须强力，即可成就一番事业。而这三方面的关系处理的核心就是心诚，是发自内心真实感情的忠孝、敬重、慈爱。用诚心去追求治国的道理，就是没有达到目标，那也离目标不远了，而且会越走越近的。只要有诚心，忠孝、敬重、慈爱就会自然而然地生发出来，这就像女人不需要先学会如何生养孩子再嫁人，因为嫁人后，生养孩子的事儿是自然而然就会懂会做的。其实，最为重要的就是不要怕“不中”，更不要以“不中”为借口而不去做。只要做了，就会“不远”，每接近“中”一步，就是一个成功。

而“君子不出家而成教于国”则从侧面告诉我们，一个人不一定非要谋求一官半职才能达到治国的目的。要明白，治国的本质是教化民众，只要你自己通过修身正心到了一个“至善”的境界，不自觉地就会对国民产生正面的影响。历代圣贤对当时以及今后的国民都产生了极为重大的影响，但是他们很多却没有做过官，即便是做过官的，其对国民的教化影响也大多不在其任上发生的，对国民的影响甚至都不仅仅局限在他们在世的一生，而是上百年上千年之久。

**哲理引申**

## 治国必先齐其家

仅从“国家”这个词语关系来看，“家”是从属于“国”的，它们之间的关系是骨肉相连，密不可分的。尤其在以家族或家庭为中心的宗法制封建时代，家便是一个小小的王国，家长就是它的国王。国是一个大大的家，国王就是它的“家长”。因此，有君君、臣臣、父父、子子的规范礼制贯穿国与家。也正是因为如此，我们才更能理解，“治国必先齐其家”的道理。

“太姜”是周朝先祖古公亶父的正妃，周文王的祖母，是中国古代贤妃的代表。太姜不仅面容姣好，而且性情贞静柔顺，并且极富有智慧。教导诸子，从来未曾有过过失。古公谋事时，都会找太姜斟酌商量。无论古公要迁徙到什么地方，她都会不辞劳怨，顺从地追随。可以说，太姜的贤德已经成为古代后宫嫔妃争相效仿的榜样。

后来季历即位，又娶了一位贤妃，曰“太任”。据史载，太任端庄诚一，德行无缺失，及有身孕，即自开始胎教，所谓“目不视恶色，耳不听淫声，口不出傲言”，因此而生文王。

文王又有贤妃，曰“太姒”。《史记·周本纪》说：“武王同母兄弟十人，母曰太姒，文王正妃也。”《列女传》称其“生十男，亲自教诲。自少及长，未尝见邪僻之事。文王继而教之，卒成武王、周公之德。”

周室由古公亶父到季历、文王三代，都有贤妃良母助兴周室。所以能形成姬周王室七八百年的宗室王朝，都是由其上辈“齐家、治国”的德育教化而来，并非偶然地提三尺剑，一战功成而得的天下。因此，后世尊称别人的妻子叫“太太”，便是从周室有三位“太”字辈贤妻良母，母仪可风的典故而来，并非是随随便便的口头语。

周王室正是因为有了良好的家风，才成就了几百年的江山基业，可见，只有“齐其家”才能治理好国家的说法已经是被古之圣贤验证了的至理。明代《朱子治家格言》曰：“一粥一饭，当思来之不易；半丝半缕，恒念物力维艰。”“勿贪意外之财，勿饮过量之酒”、“与肩挑贸易，毋占便宜；见穷苦亲邻，须加温恤”、“重资财，薄父母，不成人子”。曾国藩治家采用八字口诀：“书蔬鱼猪、早扫考宝”，即读书、种菜、养鱼、喂猪、早起、扫屋、祭祖、睦邻。……可见，古代的贤者乃至治国的能臣，无不把“齐家”作为治国的根基。“齐家”的“齐”就是整肃，“齐家”就是整肃家风家规。古人所说的家风就是五常八德。五常，即仁、义、礼、智、信。八德，即忠、孝、仁、爱、信、义、和、平。而治国也离不开这些要义。所以，“齐家”与“治国”的道理是一样的。一个人连小家都整肃不了，是没办法去治国的。

美国的爱德华和珠克两个家族，家风传至八代。爱德华是博学多才的哲学家，勤奋好学，为人严谨，为子女树立了良好的风范。他的子孙中有13位当过大学校长，100多位教授，80多位文学家，60多位是医生，还有1人当过副总统，1人当过大使，20多人当过议员。而珠克是远近闻名的酒鬼和赌徒，毕生玩世不恭，浑浑噩噩，无所事事。他的子孙有300多人当过乞丐和流浪者，400多人酗酒致残或夭亡，60多人犯

**过诈骗和盗窃罪，7个人是杀人犯，总之没有一个是有出息的。两个家族的家风在潜移默化中影响着后代，父传子，子传孙，子子孙孙世世代代相濡染，相延续，在社会的大舞台上向两极发展着。所以说，家风的好坏直接决定着子女的成才与否，而且不仅是一代。**

家国本来是一理，一大一小而已。家是国之根本，万家所聚，方成一国。家风好，则人心正、父母慈、儿女孝、婆媳睦、妯娌和、子孙贤；家风不好，则父母恶、子不肖、孽孙生。父亲是一家之长，而国君则是万家之长。大小之理相通，有家可齐，却不能治国者，并非是其他的缘故，实在是自身的智慧还不够明达，德能还不够厚实，心体还不够宏廓。常人的性德之光犹如灯烛，可照近则不可照远，能照耀自己却无法照耀他人。而圣人的性德之光犹如日月，无论贵贱、亲疏，万类齐被，十方普照。

《中庸》上说："唯天下至圣，为能聪明睿智……舟车所至，人力所通，天之所覆，地之所载，日月所照，霜露所堕：凡有气血，莫不尊亲，其德可配天地。"所以，齐家与治国，无非一小一大，德薄与德厚。德薄者，私而偏。德厚者，公而正。私者所以失天下，公者所以得天下。

## 治国的根基在于"立德"

治家之道，在于力行孝、悌、慈爱。孝、悌、慈爱之德，这其实也是行仁的基础。在家庭生活中，贤父兄悉人心教养子弟；在大夫之家中，卿大夫仁厚体恤部属。治理一个家，就要有"如保赤子"的诚挚情怀，这才是最高明的领导统御。

孝、悌、慈爱之风充满于家庭生活中，进而会影响到其他的家，如此推广开来，自然是"一家仁，一国兴仁"；"一家让，一国兴让"了。曾国藩在《原才》一文中说："风俗之厚薄奚自乎？自乎一二人之心之所向而已……此一二人之心向义，则众人与之赴义……众人所趋，势之所归，虽有大力，莫之敢逆。”曾国藩所说的“一二人”就是指领导者，领导者力行孝、悌、慈爱之仁德，自然蔚成风气，沛然莫之能御，而能福国淑世。可见，“立德”不仅是“齐家”，而且还是“治国”的根本。

要想成为一个合格的领导者或统治者，最重要的不是其有多聪明，多么有才干，而在于其是否具有仁德之心。商纣王勇武有力，颇具聪敏才智，然而道德败坏，为非作歹，最终丧失了天下；智伯才思敏捷，在扩张家族势力上颇有建树，却骄傲自大，恃力不恃德，最终功亏一篑，家破人亡……孔子、孟子这些儒家学者，看到了这一点，于是提出仁政、王道的概念，要求统治者重视自身道德修养，通过惠民、利民而让百姓臣服，用“德”来征服和治理天下。

舜是古代杰出的贤人、圣人，是中国传统道德的化身和典范。据《史记》记载，舜一贯以身作则，是道德的楷模，是一位勇于开创事业造福于民的部落首领。他在团结各个部落，构建、管理天下中，敬天崇德，务实勤政，顺天至诚，大德而至天下。由于虞舜品德高尚，富有才干，既孝敬长辈又关心别人疾苦，所以在尧帝年老退位的时候，并没有把首领之位传给儿子丹朱，而让给了品德高尚的虞舜。

相传，舜的德行是十分感人的。原来，舜的父亲瞽叟和继母的心肠都十分狠毒。尽管舜百般地孝敬他们，但还是常常遭到他们的打骂和陷害，弟弟象也十分狂傲骄纵，自私自利，经常寻机想杀舜，舜在家中待不下去，便独身一人逃到历山开荒种地。在历山，他收获的粮食，除了接济父母外，还用来救济穷人。在他的德行感化下，那些争夺地界的农民、争夺渔场的渔民都和睦相处了。大家都喜欢舜，都愿意围绕舜居住。舜在一处住一年，那里便成了村庄，住两年，成了大村庄，住三年，便成了小镇。

在当时，舜是人们心目中的偶像，是大家共同敬重的贤人、圣人。他的一言一行，都是大家学习的榜样，是大家自觉遵守的行为准则。

帝舜在故里以德化民、以和为贵、以仁睦邻、以礼相聚、以义博长、以善谋事、以孝治家、心心相印、广铸一身德魂，积德生辉、德富民众，乃祖先之德馨也，德谓舜先哲之举也，故，诸冯姚墟乃德基发源之圣地也。

舜怀德于故里，德感族邑，施德于众，立德故境，德以律己，德为表率，尧闻德访舜，舜行德务实，众口敬佩，四岳贤君荐之，尧亲访历山见之，认为舜德定能治理天下，便举舜平阳接位。

舜作了首领后，他在管理部落联盟社会、处理政务工作中，尽管当时还没有文字，还没有一部管理国家的法律典籍，也没有规范个人行为和社会行为的约法三章。但当时的部落联盟，在舜的领导和管理下，虽然社会生产力低下，经济还不富裕，但全社会的面貌还是安定的、文明的、和谐的。没有大的战争和动荡，人民群众都能安居乐业。德治施政，德于百官，德政安民，扬善为德，德化甘霖，德于辅政，德于群贤，德惠于众，德举德行，德化于平阳府第，德化德望，德范于业，为德正善美，正大光明，德光普照，纯懿之君主也。

在当时，没有典籍，没有军队，也没有制定出用来规范人们行为准则的情况下，为什么会产生华夏文明，会出现这样一个安定、文明、和谐的社会局面？我想其中一个主要原因应该是古人所说的“贤人在而天下服，一人用而天下从”的缘故。当时的各个部落都把舜尧等一大批贤人、圣人的品德和言行，作为鉴别一般善恶和是非的准则，而且还将它延伸到社会和政治方面，以贤人、圣人的言行来规范人们的社会行为，用来改造社会，同化世界。这是一个大道德范围内的大实践。所以，可以说，当时的安定、文明、和谐的社会面貌，应该是以虞舜为首的圣人们以身作则的伟大道德实践所带来的结果，是虞舜以德治天下所带来的结果。

可见，“德行”所辐射出的力量是无穷尽的。孟子指出，以德服人才能让人心悦诚服，以力服人只能让人暂时归顺。《荀子·议兵》之中也提出了三种服人之法："有以德兼人者，有以力兼人者，有以富兼人者。"用德行使人服从的，他人真心归附，服人越多，自己力量就越强大；用强力使他人服从的，他人只是畏于兵威而暂且归附，服人越多，兵力就越弱；用财富诱使他人服从的，他人所向往的只是利益，服人越多，财富消耗也就越多。所以，"以德兼人者王，以力兼人者弱，以富兼人者贫。"秦始皇、项羽就是以力兼人，他人虽然畏于威势而暂时屈服，一旦力量发生了转变，所有人都会起来反抗，那服人的人也就走到了末路。那些通过大量赏赐的诱惑使周边民族上表、臣服的王朝就是用财服人，它们得到的只是虚名，满足的是统治者的虚荣，却浪费了大量财富，给自己的百姓带来沉重的压力，其实没有人从心里钦服它们。

真正有智慧的统治者以德服人，很多人认为这是迂腐，对敌人讲仁德只能自己被打败。其实以德服人并非只是空讲仁义道德，而是要将德和力结合起来，商汤以德服人，也有四方的征伐，也需要用武力攻灭夏桀；周朝以德服人，但对于无道的商纣，对于为商纣为虎作伥的崇国也要进行武力的讨伐。以德服人是令自己符合于道义，对于顺从道义的用道德感化他们，对于违逆道德的则用武力征伐他们，征伐之后再用道德教化他们。汉武帝讨伐匈奴是力，用怀柔政策使南匈奴归顺就是德；诸葛亮南征擒得孟获是力，擒到他之后多次释放，用仁义感化就是德，所以说力是手段，德是根本，只有将它们结合到一起，才是真正以德服人。

## 道德是成就一切的根源

明朝有一位叫路子明的人，有一次他奉命担任某个地方的官吏。他到任之后，却时常弹琴自娱，不管政事，可是他所管辖的地方却治理得井井有条，民业兴旺。这使那位刚刚御任的官吏百思不得其解，因为他每天即便起早贪黑，从早忙到晚，也没有把地方治理好。于是，他便请教子明说："你治理地方的秘诀是什么?"子明回答说："只要做好自己，以身作则，靠德行来引导和教化民众，自然就不用费力气去管理了!"

这个小故事告诉我们，"德行"是管理的最高明的方法，也是管理的至境。古代高明的统治者都奉行"以道行天下，以德治天下"的原则，使天下万物和谐共存，共谋发展，这是造福于民的大道之行。唐太宗李世民说："道德的力量是成就一切的源泉。"这告诉我们，道德不仅可以用于治国，它也是个人成功的重要保证。

有这样一个故事：

30 年前，美国华盛顿一个商人的妻子，在一个冬天的晚上，不慎把一个皮包落在一家医院里。商人焦急万分，连夜去找。因为皮包内不仅有 10 万美金，还有一份十分机密的市场信息。

当商人赶到那家医院时，他一眼就看到，清冷的医院走廊里，靠墙蹲着一个冻得瑟瑟发抖的瘦弱女孩，在她怀中紧紧抱着的正是妻子丢的那个皮包。

这个叫希亚达的女孩，是陪病重的妈妈治来看的。相依为命的娘儿俩家里很穷，卖了所有能卖的东西，凑来的钱还是仅够一个晚上的医疗费。没有钱明天就得出院。

晚上，无能为力的希亚达在医院走廊里徘徊，她祈求上帝保佑，能碰上一个好心的人救救她的妈妈。突然，一个从楼上下来的妇人经过走廊时，腋下的一个皮包掉在地上，可能是她腋下还有别的东西，皮包掉了竟毫无知觉。当时走廊里只有希亚达一个人。她走过去捡起皮包，急忙追出门外，但那位女士却上了一辆轿车。

希亚达回到病房，当她打开那个皮包时，娘儿俩都被里面成沓的钞票惊呆了。那一刻，她们心里明白，用这些钱可能会治好妈妈的病。妈妈却让希亚达把皮包送回走廊去，等丢皮包的人回来领取。虽然商人尽了最大的努力，但希亚达的妈妈还是抛下了孤苦伶仃的女儿。

后来商人就领养这个孤苦的女孩。因为她们母女不仅帮商人挽回了10万美元的损失，更主要的是那份失而复得的市场信息，使商人的生意如日中天，不久就成了大富翁。被商人领养的希亚达，读完大学就协助富翁料理商务。虽然富翁一直没委任她任何实际职务，但在长期的历练中，富翁的智慧和经验潜移默化地影响了她，使她成了一个成熟的商业人才。到富翁晚年时，他的很多想法都要征求希亚达的意见。

富翁弥留之际，留下这样一份遗嘱："在我认识希亚达母女之前我就已经很有钱了。可当我站在贫病交加却拾巨款而不昧的母女面前，我发现她们最富有，因为她们恪守着至高无上的人生准则，这正是我作为商人最缺少的。我的钱几乎都是靠尔虞我诈、明争暗斗得来的，是她们让我领悟到人生最大的资本是品行。我收养希亚达既不为知恩图报，也不是出于同情，而是请了一个做人的楷模。有她在我的身边，生意场上我会时刻铭记，哪些该做，哪些不该做，什么钱该赚，什么钱不该赚。这就是我后来的事业兴旺发达的根本原因，我成了亿万富翁。我死后，我的亿万资产全部由希亚达继承。这不是馈赠，而是为了我的事业能更加辉煌昌盛。我深信，我聪明的儿子能够理解爸爸的良苦用心。"

富翁在国外的儿子回来时，仔细看完父亲的遗嘱，立刻毫不犹豫地在财产继承协议书上签了字："我同意希亚达继承父亲的全部资产。只请求希亚达能做我的夫人。"

希亚达看完富翁儿子的签字，略一沉思，也提笔签了字："我接受先辈留下的全部财产——包括他的儿子。"

从上面这个故事中我们可以得出一个结论，德行是成就一切的基础，这便是"德交归焉"的福泽。

以"德"行事，会得到宇宙中各种力量的帮助与维护，这也是对"善有善报"这条至理的微观解读。试想：一个人若总是以德对人做事，那必然会得到相应的"善报"，人生自然处处顺利，福泽相随。

## 原文

一家仁，一国兴仁；一家让，一国兴让；一人贪戾，一国作乱。其机[①]如此。此谓一言偾[②]事，一人定国。尧、舜[③]帅[④]天下以仁，而民从之。桀、纣[⑤]帅天下以暴，而民从之。其所令反其所好，而民不从。是故君子有诸[⑥]己而后求诸人，无诸己而后非诸人。所藏乎身不恕[⑦]，而能喻[⑧]诸人者，未之有也。故治国在齐其家。

《诗》云："桃之夭夭，其叶蓁蓁。之子于归，宜其家人。[⑨]"宜其家人，而后可以教国人。《诗》云："宜兄宜弟[⑩]。"宜兄宜弟，而后可以教国人。《诗》云："其仪不忒[⑪]，正是四国。"其为父子兄弟足法，而后民法之也。此谓治国在齐其家。

## 注释

①机：本意是指弩箭上的发动机关，这里引申为关键。

②偾：败，坏。

③尧、舜：传说中父系氏族社会后期部落联盟的两位领袖，即尧帝和舜帝，历来被认为是圣君的代表。

④帅：同"率"，率领，统率。

⑤桀：夏朝的最后一位君王。纣，即商朝的最后一位君王殷纣王。二人历来被认为是暴君的代表。

⑥诸："之于"的合音。

⑦恕：即恕道。孔子说："己所不欲，勿施于人。"意思是说，自己不想做的，也不要让别人去做，这种推己及人，将心比心的品德就是儒学所提倡的恕道。

⑧喻：使别人明白。

⑨"桃之夭夭……"：引自《诗经·周南·桃夭》。夭夭，鲜嫩，美

丽。蓁蓁，茂盛的样子。之子，这个女子。于归，指女子出嫁。

⑩“宜兄宜弟”句：引自《诗经·小雅·蓼萧》。

⑪“其仪不忒……”句：引自《诗经·曹风·鸤鸠》。

**译　文**

一家仁爱，一国也会兴起仁爱；一家礼让，一国也会兴起礼让；一人贪婪暴戾，一国就会犯上作乱。其联系就是如此紧密，这就叫作：一句话会坏事，一个人就能安定国家。尧舜用仁爱统治天下，老百姓就会跟随着仁爱；桀、纣两位君王用暴戾统治天下，百姓也会跟着凶暴。统治者的命令与自己的实际做法相反，老百姓是不会服从的。所以，品德高尚的人，总是自己先做到，然后才要求别人做到；自己先不这样做，然后才要求别人不这样做。不采取这种推己及人的恕道而想让别人依自己的意思去做，那是不可能的。所以，要治理国家就必须要先管理好自己的家庭或者家族。

《诗经》说：“桃花鲜美，树叶茂密，这个姑娘出嫁了，让全家人都和睦。”让全家人都和睦，然后才能够让一国的人都和睦。《诗经》说：“兄弟和睦。”兄弟和睦了，然后才能够让一国的人都和睦。《诗经》说：“容貌举止庄重严肃，成为四方国家的表率。”只有当一个人无论是作为父亲、儿子，还是兄长、弟弟时都值得人效仿时，老百姓才会去效仿他。这就是要治理国家必须先管理好家庭和家族的道理。

**经典解读**

本段的主旨在于阐明“以恕治国，上行下效”的道理。这里所谓的“恕道”就是设身处地，为人着想；就是将心比心，关爱他人。朱熹常用“如治己之心以治人，如爱己之心以爱人”来阐发恕道，更足以彰显“恕道”的内涵。

如果为政者不以“恕道”治国，而恣意妄为，实行桀、纣贪戾暴政之道，那就是“桀、纣帅天下以暴”，其结果便是“民从之”，上梁不正，下梁还能正吗？自己不能实践忠、孝、仁、爱之德，却要求人民赤胆忠心，忠孝节烈，那岂非是缘木求鱼呢？所谓“一人贪戾，一国作乱”，如果领导者贪戾暴虐，人民起而儆尤，那将天下大乱！

至于“一言偾事”，也足以警惕领导者。《论语·子路》篇说：“一言可以兴邦……一言可以丧邦。”孔子也言：“恶利口之覆邦家者。”身为国君，说话要严谨、慎重、中肯、合道，如此才能表率群伦，定国安邦。如果言辞卑下、轻浮，不但难以服众，而且还会贻笑天下。如果言辞粗率、不智，臣民起而效尤，所产生的负面影响，当可想而知。

总之，为政者既可以安邦定国，也足以颠覆国家，其关键往往在一念之善恶，一言之愚智，所以曾子在最后感慨说道：“其机如此！”

其实，以恕道治国，就是以仁治国。治国临民，要以恭、宽、信、敏、惠对待臣民，要以“如保赤子”的心情来关怀臣民，只要天下有一个人流离失所，为政者都要感同身受，自责不已。这才是实践仁德，这才是“尧、舜帅天下以仁”。

最后，作者是“引诗为证，感发善心”。本章的前两段已经把“治国在齐其家”的道理阐发得相当透彻了，接着便引《诗》为证，收束全文。作者先引《诗经·周南·桃夭》：“桃之夭夭”等四句，说明领导者必先“宜其家人”，“而后可以教国人”，而“成教于国”。接着又引《诗经·小雅·蓼萧》“宜兄宜弟”一句，说明领导者必先“宜兄宜弟”，“然后可以教国人”，而“成教于国”。然后扩而大之，引用《诗经·曹风·鸤鸠》“其仪不忒”等两句，阐释国家的领导者要力行“君君、臣臣、父父、子子”的道理，“其为父、子、兄、弟足法”之后，才能达到“尧、舜帅天下以仁”的理想政治境界。

## 哲理引申

### 举善崇德，上尊下睦

“一家仁，一国兴仁；一家让，一国兴让；一人贪戾，一国作乱：其机如此。此谓一言偾事，一人定国。”这句话与其是在说一个家庭对一个国家的重要性，不如说一个当政者的行为决定着一个国家的兴亡。一个君王实行仁政，下面的民众就会仿效其推行“仁爱”的行为；相反，一个统治者如若实行暴政，上行下效的结果便是暴乱兴起，民不聊生。所以，一个统治者的行为，就决定了一个国家的兴亡。古往今来的贤明君王无不通晓这个道理，都以身作则，举善崇德，推行“仁政”，开创了历史上“经济繁荣、上尊下睦、社会和谐”的良好社会局面。

唐太宗李世民是中国古代贤能帝王的代表，在他当政期间，实行的就是“仁政”。其在《帝范》中这样写道：“仁、礼、孝、恭抚九族以仁，接大臣以礼。奉先思孝，处位思恭。”这段话提及了他治国最为重要的四个概念：仁、礼、孝、恭。在这里其“仁”的含义是极为广泛的，具体而言，主要指人与人相互友爱、互助、同情、通情达理、为别人着想等。作为国君，需要以仁义来当政，如此这样才能使上尊下睦，才能维持皇权的威严。而“礼”是指符合规范的行为准则。而这些行为准则可能是由于道德观念与风俗习惯而形成的礼节，也可能是为了维护政治与社会秩序而刻意制定的。对待大臣，必须要遵循约定俗成的准则，不能蛮横无理地对待他们；否则，不是培养出奴隶，就会造成大臣的背叛。“孝”是指对父母的奉养和顺从。“孝”的精神内核主要是指对长辈的尊敬与奉养，这是人类社会需要遵守的基本道德准则。“恭”指谦虚、恭敬。身居高位，很容易产生傲慢、骄傲的情绪，会对对方颐指气使，这是修养不够的表现。越是有内涵的人，越会表现得谦恭，而这样的人，才能赢得别人的尊重。

《贞观政要》引用了《尚书》中这样一句话：国君英明，大臣贤良，百姓才能安康！国君无能，大臣懒惰，万事则不成！国君如果把作为股肱的大臣抛开，只凭自己的独断专行，能治理好国家的，我从来没有听说过。其实，君臣相遇，在达成默契共同来治理国家，自古就来得十分不易。君臣能够秉持公正的道义，才有可能让天下人才各自竭尽全力。国君在内尽心尽力，大臣在外竭力辅佐，君臣一心使天下得到大治，要达到这样境界不是靠高官厚禄，而在于君王对大臣要以礼相待。从前周文王在凤凰之墟与诸臣共同巡游时，袜子带松开了，回头看看左右，却没有一个可供使唤的人，就自己弯下身将袜带系上。这正体现了他懂得礼贤下士，懂得尊重臣子的举动。

《礼记》上也有这样的记载，鲁穆公问子思道：那些被斥逐的臣子们为何要为他们的旧国君服丧服呢？他们的做法符合古制吗？子思这样回答道：古代的君子，用人的时候能够以礼相待，辞退人的时候也能以礼相待，所以有斥逐的臣子为旧君服丧的礼制。而如今的君子，用人的时候就将人捧在膝盖上面，不用的时候，就将人推入深坑之中，不率兵来讨伐就不错了，哪里还有为旧国君服丧的礼节呢？这告诉我们当代的管理者这样一个道理：领导将下属看作手足，下属也会将领导视为心腹，愿意紧紧地依附在领导者的周围，为其效力；而如果领导将下属看作是犬马，下属就会将领导视为一个普通人，自然也不会去效命于他了。领导如果将下属看成粪土，下属也会将领导视为自己的仇敌，领导自然也不能够团结他们了。下属是否愿意团结在领导的周围，完全在于领导对自己的恩德的厚薄来决定。那么，做领导的，为何不对下属以礼相待，以平等的姿态来对待他们，来更好地团结他们呢？

## 己所不欲，勿施于人

《论语》中有这样一段记载：

子贡问曰："有一言而可以终生行之者乎？"子曰："其恕乎。己所不欲，勿施于人。"意思是说：子贡问孔子："有一句可以概括规范自己一生行为的话吗？"孔子说："应该是恕吧。自己不想做的事，不要施加在别人身上。"这便是曾子所说的"恕道"，旨在告诫统治者或者当政者，要以身作则，学会推己及人。其实，这条准则也适用于生活的各个方面，尤其是在为人处世方面。与人交往，要懂得为他人着想，能时刻站在对方的立场上去换位思考，别一味地要求别人去遵循自己的思想和意念，别总拿自己的尺子去衡量他人。

几千年前，孔圣人便悟出了这么深刻的道理，他就知道不能将自己的意志强加在别人身上。要做到"己所不欲，勿施于人"，只有拥有宽阔的胸怀和坦荡的胸襟，才能容纳得下一切，才不至于眼界狭窄走上片面的道路！

古往今来，人与人之间的相处和交往都离不开这一中心思想。也只有把握住这一思想才能够理解别人、宽容别人，人与人之间才能更加和睦、融洽。

孙玲是一家广告公司的创意总监，她做广告多年，很有才华，坐到总监的位置也是凭借自己的实力所为。不过也许是对工作太严谨的态度，孙玲平时对员工很严厉，为人有点固执，喜欢发号命令。比如，对于一个广告作品，她觉得这个创意好了，别人便没有表达创意的机会了。对此，很多员工表示有意见。很多员工甚至为此对工作不上心，有的甚至偷懒，作品老是不能按时交稿。

后来，老总了解到情况以后，私下里找孙玲谈了谈，便打算公开开个会，把这事情解决一下。

会议上，老总不动声色，她没有训斥员工，更没有指责孙玲。而是让大家畅所欲言把自己心中的想法都讲出来。

为此，老总还专门找来一块大黑板，对大家说："大家不要有所顾忌，说出你们心中的想法和愿望，我一定会满足你们的。不过，首先你们要敢于说出来，我才会知道。"

话音刚落，员工们就开始窃窃私语，却没人敢大声说话。"请大家大声点，我保证，一定会实现你们的愿望，公司的发展需要大家共同的努力。"老总又说道。

这时，一个员工壮着胆子说出了一点意见，然后一个接一个的，好多员工开始表达自己的想法。当然，其中还有些是针对老总的，老总一直在旁边保持着微笑，并把一些合理的有建设性的意见写在黑板上。直到黑板上写得满满的，老总才开始说话："不错，大家提出了很多想法和意见，这些对公司和员工都有很大的发展，我很赞同。"

这时，孙玲也主动站起来，对大家表示了歉意。她说："作为一个领导，我没能够以身作则，站在大家的角度想问题，的确是我的不对，我希望大家能再给我一次机会，以后我会带领大家努力工作，好好发展公司。不过你们也要改掉一些坏习惯，比如迟到、拖稿等。"

孙玲的话刚说完，老总带头鼓起掌来，紧接着会议室里掌声四起……

这时，大家又纷纷地表态说："放心，我们一定会努力工作，8小时全力以赴"，"我们的激情找回来了，便不会拖稿了……"

有很多人像孙玲一样奉行"己所欲，施于人"的准则，这样是行不通的，甚至会引起公愤。成就一番事业需要团结的力量，也需要和睦的环境氛围。我们不能只在自己的世界里看着自己的风景，我们要听取别人的意见和建议，倾听别人的心声。只有这样，个人的心境才会和顺，大家的环境才会温馨！

即便是粗略地看一下生活百态，就不难发现实际上许许多多的人都在奉行以自己为中心的准则。他们自认为自己的想法和做法都是合理的、可靠的。岂不知，生活并不是单一的路线，每个人都有自己的特定轨道，也都有自己的风格，有时候强求只会大煞风景！

《贞观政要》中记载了这样一段事：

有一次，唐太宗李世民与魏徵闲谈，说到皇帝应该怎样为百姓行事，李世民是这样说的："帝王总是希望能扩建宫殿屋宇，建设游玩观赏的池台，但是老百姓却不希望，因为这样百姓就会劳累疲惫。劳累疲惫是人人都不愿意的事情呀。孔圣人曾经说过：'己所不欲，勿施于人。'看来那些劳民伤财的事确实不能施加给老百姓呀。我虽然处于帝王的地位，号召天下，但是必须要学会节制自己的欲望，处理事情也必须设身处地地为老百姓想想。如果不能顺应老百姓的意思，那肯定就得不到老百姓的拥护。"魏徵听罢，不停地点头说道："陛下能够如此体恤老百姓，是老百姓的福气。臣听说，如果把自己的欲望拿来顺应民情，国家就会昌盛；而劳累百姓来满足自己的欲望，就是自取灭亡。隋炀帝为什么灭亡呢？正是因为他骄奢淫逸，不能体恤民情，相反却用严酷的法规惩罚老百姓。上面的人如此，带动下面的人也是如此，这样上下官员都不能为老百姓做事，从而便得不到老百姓的拥戴。这不仅是史书上记载的，也是陛下您亲眼看到的。一个人，如果对于欲望有个限度，觉得欲望可以满足，那不仅仅是满足，还说不定学会节制自己的欲望；但是倘若对自己的欲望永远不能满足，那么即使是欲望暂时得到了满足，他也还是想要上千万倍的欲望。"

唐太宗听到魏徵这样说，高兴地说："爱卿说得极是，如果你不说这番话，我也就听不到了。"

作为一国之君，唐太宗懂得"己所不欲，勿施于人"的道理。所以躬身力行，尊重老百姓的想法和愿望，一心一意为老百姓谋幸福，最终取得了辉煌的成就!

生活中的每一个人都应该懂得这个道理，不要把自己的意志强加于别人的身上。就像一件衣服，并不是所有的人穿在身上都合适，只有合适的人穿上才会显现出自然的美丽！这和我们的思想也是一样，你的想法和做法并不一定能够让别人理解和接受，这个时候我们就要反复来回想一下，换位思考一番，也许你就会恍然大悟!

生活就是由不同的交往编织，要交往就会产生不同的想法。如何相互协调、相互理解而不至于产生矛盾，这就需要做到“己所不欲，勿施于人”，人与人之间才能和睦相处、友好往来。如果你想获得别人的尊重，首先要学会尊重别人；如果你想赢得别人的合作，便先学会倾听对方的思想。认真领悟这一思想，你将迎来美好的人生。

## 以“仁德”服众

“尧、舜帅天下以仁，而民从之。桀、纣帅天下以暴，而民从之。其所令反其所好，而民不从。是故君子有诸己而后求诸人，无诸己而后非诸人。”告诉我们，一个君王的德行就决定了一个国家的和谐局面。一个社会要想和谐、稳定，当政者必须要实行仁政，以“仁德”去服众。

《论语·为政》中孔子曾说道：“为政以德，譬如北辰，居其所，而众星共之。”这里的“共”即“拱”。在这里，孔子主要说的是“德治”的为政之道，即为（执政者）用仁德作为执政的根本，就会像北极星那样，处在自己的位置上，而群星都会拱绕着它。孔子指出，执政者治理政事不能仅仅靠着严刑厉法对人民进行限制、压迫，还要用仁德去教化他们，用礼仪去引导他们。人民向往有德行的人，就像水之向下一样，自动投入他的怀抱；一个人有德，别人都会亲近他、学习他、仰慕他，就像群星拱卫着北极星一样绕着他。

三国时期，诸葛亮大败南蛮的三洞元帅后，又布下伏兵，让王平、关索诱敌。二人假装战败，引南蛮孟获入峡谷，再由张嶷、张翼两路追赶，王平、关索回马夹攻。孟获抵挡不住，被魏延擒住。但是孟获不服气，说："我自己不小心，中了你的计，怎么能叫人心服?"诸葛亮为了让孟获心服口服地归顺他，就放他回去了。并答应让他回去好好准备，再来应战。但孟获是个有勇无谋的人，根本不是诸葛亮的对手，第二次又被擒住了。

孟获对弟弟孟优说，我们已知蜀军军情，你领百余精兵去向孔明献宝，借机杀了孔明。孔明问马谡是否知道孟获的阴谋，马谡笑着将孟获的阴谋写于纸上。孔明看后大笑，命人在酒内下药，让孟优等蛮人吃喝。当夜，孟获带三万兵冲入军中要捉孔明，进帐才知上当，孟优等蛮兵全部烂醉如泥。魏延、王平、赵云又兵分三路杀来，蛮兵大败，孟获一人逃往泸水。孟获在泸水被马岱扮成蛮兵的士兵截获，押见孔明。孟获说这次是弟弟孟优饮酒误事，仍不服气。于是孔明第三次放了他。

孟获为了报仇，借了十万牌刀獠丁军，来战蜀兵。孟获穿犀皮甲，骑赤毛牛。牌丁兵赤身裸体，涂着鬼脸，披头散发，像野人般朝蜀营扑来。孔明却下令关闭寨门不战，等待时机。等到蛮兵威势已减，孔明出奇兵夹击，孟获大败，逃到一棵树下，见孔明坐在车上，冲过去便要捉拿，不料却掉入陷坑里反被擒获。孟获仍然不服，孔明又一次放他回去。

随后，孟获躲入秃龙洞求援，银冶洞洞主杨锋感激日前孔明不杀其族人之恩，在秃龙洞捉了孟获，送给孔明。孟获当然不服，要再与孔明于银坑洞决战，孔明又一次擒到他并又放了他。就这样，来回七次，诸葛亮一直把孟获擒了七次。到了孟获第七次被擒的时候，才从打心底里敬服孔明的神机妙算，同时也敬佩孔明的仁德。孟获回去后，还说服其他的部落，全部都归顺，南中地区就重新归蜀汉控制。

诸葛亮一次又一次地放回孟获，足见其"仁德"的宽厚。与其说他是以屡战屡胜、神机妙算的战术使孟获归服于他，不如说他是以"不计前嫌”的宽厚仁德使其归附。可见，德行对一个领导者来说是多么的重要。

孔子对领导者的要求一向很高，他把德行与修养放在最重要的位置上。因为他知道一个普通人没有德行的话，他能祸害的仅仅只是少部分人；而如果一个位高权重的人没有好的德行，那么他的危害也就大了。当然了，在当下，身为一个领导者或管理者，要想以德服人，重要的就是加强自身的修养，发挥在“德治”方面的核心作用，对下属怀有仁德之心，庇护下属，急他们之所急，想他们之所想，为他们排忧解难。古之有夏桀无德，国人咒他死亡，愿意与他同归于尽；商汤有德，百姓期盼他，翘首以待，说：“徯我后，后来其苏。”这就是仁德的力量，无论在什么样的组织中，它的效果远远比战争武力、比严刑酷法有利得多。

## 给管理者的忠告：你的气质便是团队的气质

在一个家庭中，父母的行为会影响孩子的行为，孩子的气质代表的也往往是父母的气质；同样，在一个国家中，一个君王的德行决定了民众的行为，民众的精神气质也往往代表了一个国家当政者的气质。也就是说，在一个组织中，高层往往是整个组织的精神引领者。所以说，在现代企业中，一个团队的精神气质往往代表了领导者的精神气质。

在现实管理过程中，身为领导，你是否总觉得自己的团队总是暮气沉沉，队员身上都缺乏一种朝气蓬勃的精神面貌？你是否觉得自己的团队缺失创新力和市场竞争力？你是否觉得自己和下属的自信心都在一点点地流失，团队“战斗力”也在逐渐地变弱？

其实，团队出现上述问题，主要是因为团队内部缺乏一种“强者”的气质。

拥有“强者”气质的团队总是表现出一种朝气蓬勃的面貌。一个团队需要青年人的冲劲，中年人的稳健，老年人的经验，但是在精神状态上只需要朝气。暮气沉沉的团队是没有创新力和市场竞争力的。朝气蓬勃代表着不迷信权威，勇于进取，敢于探索，永不放弃，敢于突破；朝气蓬勃也代表着事事追求完美，拒绝平庸，拒绝得过且过；朝气蓬勃也代表着目光远大，着眼未来，潜力十足。可以说，一支拥有“强者”气质的团队是战无不胜的。而一个团队“强者”气质的缺乏主要是因为领导者造成的。

不可否认，与人一样，每个团队都有属于自己的独特的精神气质，而且这种气质一旦形成，在短时间内便不会轻易改变。就像谈及巴西足球队，人们第一个想到的词便是“激情”，虽然后来欧洲许多踢球的巴西运动员进入国家队后，又增添了严谨、硬朗的元素，新的主教练也会将自己的思想与气质注入这支团队，但无论怎样，激情四射的进攻还是巴西队的主流，几十年来，它已经成为巴西队的精神文化符号，让巴西队赢得了一场又一场的胜利。

团队气质的形成受多方面因素的影响。两个不同的团队就有两种不同的气质，团队成员的学历结构、年龄结构、性别比例等对团队气质的形成有直接的影响。但是对团队气质影响最大的还是团队创始人，包括核心成员的性格影响。正所谓“兵熊熊一个，将熊熊一窝”，《亮剑》中李云龙就是用他那种“明知不敌，也要敢于亮剑”的“强者”心态把一支打了败仗抬不起头的团队最终变成了嗷嗷叫的“野狼团”。一个敢于“亮剑”的强者能使对手生畏，让自己的队员充满信心。一个具有强者心态的领导能带领一个团队无所畏惧，勇往直前，创造出一个个的传奇。

所以说，如果你觉得自己的团队总是暮气沉沉，缺乏朝气蓬勃的精神状态，那就先从自身找原因吧，扪心自问：我自己是一个朝气蓬勃的，富有激情的“强者”气质领导者吗?

史蒂夫·鲍尔默对微软公司的影响巨大。如果说盖茨是微软的技术领袖，那鲍尔默则无疑是精神领袖；盖茨是大脑，那鲍尔默就是心脏。

其实，他带领团队创造奇迹的方法很简单，便是持续不断地给团队注入活力和激情，灌输“强者”精神。

其实，鲍尔默本身就是一个对工作富有责任心的人，也是一个富有激情的人，他的这种状态也影响和感染着微软员工。同时，在带领团队过程中，他已将传递激情变成了一种习惯。他的一句话，一个充满激情的动作，都会使员工受到很大的激励。

鲍尔默在求学时代，就是一个非常要强且富有激情的人。他当初是哈佛大学足球队队长，他有能力让全场的人为他自豪，热血沸腾。一种对事业的投入和争当第一的热情，让他把这种能力运用到了微软的管理上来，使微软的员工在开拓市场时更加团结、更加投入。鲍尔默说：“好的统帅要懂得控制比赛的节奏和进程，还要懂得如何激发团队的斗志——你要用自己的激情去点燃他们，并让他们发挥最大的效能，使整个团队无往不胜。”他用激情去激发每个队员的忠诚和尊敬。

他曾说：“我是天生强者派。我认为，给团队注入强者精神对开辟企业是一种非常需要的素质，不仅仅是‘我自己要成功，我的管理是让我周围的人都要成功’。强者精神不是瞬间的一个激情状态，而是一种文化。”而他传递强者精神的一个秘诀，就是“每个员工都是我的客户。我们管理层为员工提供一流的服务，员工为客户提供一流的服务，这就是整体的管理理念所在”。

鲍尔默可以使一些讨厌计算机的人集中精力去编程序代码，只要鲍尔默走进一个部门，这个部门的气氛就会升温，全体员工就像吃了兴奋剂似的，拼命为公司工作。鲍尔默的这种极具感染力的激情，让他极富个人魅力，这种魅力又增加了他的亲和力和感召力，他能鼓舞普通员工无怨无悔从早干到深夜。虽然他不精通软件技术，但却能用他的激情感染员工，率领员工开拓市场。

曾经有一个在微软做过 6 年产品推销的经理说：“鲍尔默充满激情，

富于感染力。除非是死人，否则只要与他在一起，就不可能不被他感染。”

鲍尔默经常在会上手舞足蹈，声情并茂，他的眼睛和光头放射着光芒。无论是在公共场合发言，还是平时的会谈，或者给员工讲话，鲍尔默总是习惯用一只攥紧的拳头不停地击打另一只，并总以一种高昂的语调爆破出来，如他在一次大会上就曾连声高喊 Windows！Windows!! Windows!!! 非常具有震撼力。甚至在 1991 年的一次会议上，因为叫喊得太猛，喊坏了嗓子，最后不得不上医院动手术。

在微软一次关于 Net 计划的会议上，被汗水浸透全身的鲍尔默更是以传教士的热情向开发人员高唱 Net 赞歌，其提到的 Net 不少于 20 次。鲍尔默对这次会议进行了网络直播，让更多的员工被他的激情所感染。

鲍尔默在推广微软的 Net 互联网服务技术时，还制作了一段视频剪辑，在网上广为传播。在那段录影中，鲍尔默用他迷人的嗓音，充满激情地在微软大会讲台上反复呼喊着“开发者”多达 14 次以上。

鲍尔默在 1994 年的一次微软公司大会上，用他那无与伦比的大嗓门重复着一个词：“市场！市场!! 市场!!!”停顿了一下，他又说：“原因只有一个，如果你占有市场份额，你实际上就使对手们”，说到这里，他用手扼住自己的咽喉，作挣扎状，再接着说：“只剩下吸入维持生存的氧气的能力。而我们需维持的就是让对手们奄奄一息。”在微软，没有人拥有比鲍尔默更激情澎湃的煽动能力，没有人比他更能感染员工，他的演讲总像沸腾的岩浆，点燃着员工的工作激情。

微软的员工早已对鲍尔默的激情习以为常，但每一个面对他的员工仍然会热血沸腾。鲍尔默的热情和执着使他成为微软内部的鼓舞者。

凭借他的激情，鲍尔默感染着微软的全体员工，为盖茨撑着一片天，从 16 名员工，壮大到 6 万名。他的“煽情”对微软的成功来说是至关重要的，他自己则成了激情演讲者的代名词，形成了一套鲍尔默特色的管

**理方法。**

由此可见，能点燃整个团队热情，能唤醒组织员工体内工作激情的，只能是团队的领导者。俗话说，不想当将军的士兵就不是好士兵。那些缺乏“强者”气质的管理者，就注定不能带领团队取得成功。因此，管理者要从自己当上“王”的那一天起树立“永做第一，不抛弃，不放弃”的强者心态和强烈欲望，这种积极的心态和精神状态可以促使自己带领全体员工去努力地奋斗，并最终成为真正的强者。

其实，古今中外，那些成功的团队管理者，都是怀揣着一颗积极主动的心去做好每一件事情，并将自己的“强者”心态融入团队中，形成一种强大的精神气质，引领和打造了一支支“嗷嗷叫”的团队。

团队领导要想使自己的企业在强手如林的市场中站稳脚跟就必须要具有“永做第一，不抛弃，不放弃”的精神气质，然后带领自己的团队不断向行业的第一位置迈进。对于那些发展中的企业，管理者要敢于比自己强大的对手相比肩，永远找比自己强大的对手，这样才能让企业在发展的道路上越走越远。

商场的严酷性比战场更有过之而无不及，企业的相对停滞也就意味着绝对的大步倒退。因此，管理者的心态与企业的命运是息息相关的。在竞争异常激烈的市场中，要使自己的企业能够获得健康发展，管理者就务必要勇于竞争，善于竞争，同时也要吸收各方面的智慧，以丰富自己，自强不息，永争第一。

# 第十一章 平天下在治其国

本章是《大学》的最后一章。全章都在阐明“平天下在治其国”的主题，主要阐述了以下几个方面的内容：第一，君子有絜矩之道。第二，民心的重要：得众则得国，失众则失国。第三，德行的重要：德本财末。第四，用人的问题：唯仁人为能爱人，能恶人。第五，利与义的问题：国不以利为利，以义为利。

## 原文

所谓平天下在治其国者，上老老①而民兴孝，上长长②而民兴悌，上恤孤③而民不倍④。是以君子有絜矩之道⑤也。

所恶于上，毋以使下；所恶于下，毋以事上；所恶于前，毋以先后；所恶于后，毋以从前；所恶于右，毋以交于左；所恶于左，毋以交于右。此之谓絜矩之道。

## 注释

①老老：尊敬老人，前一个“老”字作动词，意思是把老人当老人看。

②长长：尊重长辈。前一个“长”字作动词，意思是将长辈当长

辈看。

③恤：体恤，周济。孤，孤儿，古代专指幼年丧失父亲的人。

④倍：通“背”，背弃。

⑤絜矩之道：儒家伦理思想之一，指一言一行要有示范作用。絜，量度。矩，画直角或方形用的尺子，引申为法度、规则。

**译　文**

之所以说平天下要先治理好自己的国家，是因为在上位的人如果尊敬老人，民众就会孝顺自己的父母；在上位的人尊重长辈，民众就会尊重自己的兄长；在上位的人体恤救济孤儿，民众也会同样照着去做。所以，品德高尚的人，总是会以身作则，推己及人的“絜矩之道”。

如果你厌恶位高者对你的某种行为，就不要用同样的方法去对待位低者；如果你厌恶位低者对你的某种行为，就不要用这种行为去对待位高者；如果厌恶前面的人对待你的某种行为，就不要用同样的方法去对待后面的人；如果厌恶后面的人对待你的某种行为，就不要用同样的方法去对待前面的人；如果厌恶在你右边的人对你的某种行为，就不要用这种行为去对待在你左边的人；如果厌恶在你左边的人对你的某种行为，就不要用这种行为去对待在你右边的人。这就叫作“絜矩之道”。

**经典解读**

本章开头主要讲述“君子有絜矩之道”的主题，这与前一章所强调的“恕道”是一脉相承的。如果说，“恕道”重点强调的是“己所不欲，勿施于人”将心比心方面，那么，“絜矩之道”则是重在强调以身作则的示范作用方面。不可否认，修养身心的过程是一个不断提升、不断由内向外生发扩展的一个过程，即从修身、齐家、治国到最后的平天下。平天下的“平”即是天下太平。天下太平是中国知识分子的价值担当，平天下是中国儒家伦理中极为重要的思想。平天下的基础在于齐家，对整个社会的治理要从整饬家庭伦理开始：一屋不扫，何以扫天下，一家不宁，无以宁天下。首先要懂得以身作则地去尊敬老人，关心弱势群体，这样整个社会才能更为和谐。天下兴亡，匹夫有责，而要治国、平天下就要懂得从身边的小事做起，善待身边的亲人、朋友，体恤弱者，用行动去感染身边的每一个人。

**哲理引申**

## 采用仁孝进行管理

在《论语·颜渊篇》中，孔子对季康子说："当政者的德行好比是风，老百姓的德行就好比是草，只要风吹草上，草必然随风倒伏。"这告诉我们，世道人心，上行下效，关键在看当政者说什么，提倡什么，做什么。榜样的力量是无穷的，领袖的力量更是不可估量的。所以，正如曾子所说的那样，当政治国的人必须要有"絜矩之道"。

对于当政者来说，一家不宁，则天下不安。当政者要履行"絜矩之道"，先要学会以身作则去孝敬老人、尊敬兄长、体恤弱者。这里其实提倡的是一种"慈爱"之心，一种"孝"文化。

"孝"文化是中国文化的精华，中国自古就有"小孝治家，中孝治企，大孝治国"的说法。中国古代但凡贤明的君王，无不以"孝"为先，并在全国上下倡导"孝"之道，开创了中国历史上少有的盛世局面。

汉文帝刘恒便是历史上少有的"孝"皇帝之一。刘恒的母亲薄氏是一位贤德之人，自小就对刘恒进行了良好的教育。文帝继位后，在很多方面都受其母亲的影响。文帝登基为帝后，薄氏曾病重，卧床三年，而刘恒则不顾及自己帝王的身份，常常目不交睫、衣不解带，亲自侍奉母亲。凡母亲要服用的汤药，他总是亲口品尝过后，冷热相宜才会慢慢喂母亲服下。

其实身为封建帝王的他，只要发一道圣旨，就会有很多太监、宫女前去伺候母亲。但他却不，唯有如此，才能显出他孝的真心。刘恒对母亲无微不至地照顾，曾受到了众多朝臣的拥戴，极力辅佐他开创了“文景之治”的良好局面。

刘恒的孝，并非只针对他自己的母亲，作为一个皇帝，他对普天之下的老人都心存孝道。他登基时第一道圣旨是“大赦天下”，第二道圣旨便是“定振穷、养老”、“令四方毋来献”，第二道旨意是许多古代封建帝王都不曾做到过的。这道圣旨表达了刘恒爱护百姓、体恤老弱，关爱民众的意愿，“对八十岁以上的老人，每人每月可以赐给米一石，肉二十斤，酒五斗；九十岁以上的老人，每人再赐帛二匹，絮三斤。赐给九十岁以上老人之物，必须由县丞或者县尉送达；其他由啬夫来送达。”代表国家向老人行孝，刘恒可说是首开先河。这么仁德的皇帝，民众怎么会不拥护他呢?

刘恒本身是大孝之人，对孝子贤孙更是惺惺相惜。著名的“缇萦救父”的故事，说的就是刘恒的事。汉文帝时，有个读书人叫淳于意，任太仓令的官职。此人刚正不阿，不愿意与当时官场上的腐败者为伍，便辞去了官职做起了普济天下的医生，在一次治病时得罪了一位有权势的人，他被告误诊害死人命。依当时的汉律，淳于意当判“肉刑”，这是一种非常残酷的刑罚，或脸上刺字，或割去鼻子，或砍去左足或右足。淳于意对此很是发愁，这时他的小女儿淳于缇萦自告奋勇要解救父难。她随父到长安受刑，托人写了一封奏章，到宫门口递给守门的人。汉文帝听说奏章系一个小姑娘所写，却也非常重视，最后被小姑娘的孝道所感动，召集大臣发布命令，废除了残忍的肉刑。缇萦救父美名扬，刘恒的仁德也随之传于四海。

中华历史上有著名的“二十四孝”，汉文帝刘恒以皇帝身份入选，是极为难能可贵的。身为一国之君，他以孝治天下，提倡轻徭薄赋、与民休息、节俭淳朴、厚养薄葬，靠仁孝的表率作用开创了中国第一个盛世“文景之治”。

正因文帝刘恒以“孝”作为修身治世的根本，并身体力行，极力推崇，才使全民上下都行孝道，使社会风气变得更为淳朴。由此可见，“孝”文化的推行对社会和谐的重要性。而这也只有一个心怀仁爱的国君才会去崇尚并推行孝道文化。

《论语·为政篇》中有语：或谓孔子曰：“子奚不为政?”子曰：“《书》云：‘孝乎惟孝，友于兄弟。’施于有政，是亦为政，奚其为为政?”意思为，有人问孔子：“您为什么不从事政治?”孔子回答说：“《尚书》上说，‘孝就是孝敬父母，友爱兄弟。’把这孝悌的道理施与政事，也就是从事政治，又要怎样才能算是为政呢?”在孔子看来治理国家应当以孝悌之德为本，只有孝敬父亲，友爱兄弟的人才有资格治理民众。

《劝孝歌》中说：“人不孝其亲，不如禽与兽。”十分深刻地道出了“孝”是为人处世的根本。中国古代有很多关于“孝”的事迹，著名的《二十四孝》就是典型的代表，其中的“卧冰求鲤”的故事是这样的：

晋朝琅琊人王祥，生母早丧，继母朱氏多次在他父亲面前说他的坏话，使他失去父爱。但是王祥并没有因为这些而怨恨父母，相反，他对父母非常孝顺。父母患病，他便衣不解带、日夜侍候。继母想吃活鲤鱼，但当时是寒冬腊月，冰封三尺，天寒地冻，根本无法捕捉到鱼。但是王祥为了让病中的母亲吃上活鲤鱼，就解开衣服卧在冰上，想用自己的体温化开坚冰捉鱼。突然三尺厚的冰自行融化，从冰上跃出两条鲤鱼。王祥高兴地回家为继母做鲤鱼汤，继母食后，果然病愈。这就是“卧冰求鲤”的故事。后来，王祥隐居二十余年，给父母养老送终后，才应邀出外做官。从温县令做到大司农、司空、太尉，并被封为睢陵侯。后人为了纪念他，便作诗云：“继母人间有，王祥天下无。至今河水上，一片卧冰模。”

一个懂得“孝道”的人，其内在一定是有“仁”有爱的。正如《论语》中孔子所说：“孝悌也者，其为仁之本与。”孝是仁德的基础，在家里行孝尽悌就是仁德培养的开始，是达“仁”的有效途径。孝是具体的道德情感要求，是每个人所必须要履行的，而仁则是对世间一切人和事普遍关照的伦理道德归宿，是由个人道德修养提升而来的，因此孝是一切仁德的根本。对父母尽孝，是实践仁德的必要，也是一个人仁德培养的开始，不能有丝毫的懈怠，这其中就包含着生时尽孝，死后依礼祭祀。

孔子指出侍奉父母必须依礼奉行，礼即理，是当时社会必须遵循的道德规范，因此依礼尽孝就是仁德的自我实现和不断提升。孔子由孝达仁是其最终的道德归宿，通过尽孝使自身的道德修养不断完善，进而实现“修己以安人，修己以安百姓”的境地，最终达到仁德兼善天下的目的。

在现代社会中，“仁孝”之德对管理者所产生的影响也是巨大的。我们可以试想：一个对父母都不好的人如何能将团队带领好，一个对兄弟姐妹不好的人，怎么会对下属或员工好？也就是说，一个缺乏“仁孝”之德的管理者，其带领的团队内部必然会缺乏一种感召力，一种凝聚力，这样的团队随时会面临解体的危险。所以，要想做好一个管理者，首先就要培养自己的“仁孝”之德，如此才能在其带领的企业内部注入一种强大的精神感召力量，才能带领企业在发展的道路上不断前进。

在中国，孝道是古代社会的一种最基本的道德规范。一般是指社会公德要求子女对父母应尽的义务，其行为包含文明礼貌、尊敬父母、友爱兄弟、家庭和睦等美德，其内容涵盖敬、诚、善、恭、礼、谦、宽等美德范畴。在中国，孝的观念可谓源远流长，甲骨文中就出现了“孝”字，也就是说，在公元前11世纪以前，华夏先民就已经有了“孝”的思想观念。《诗经》中亦有“哀哀父母，生我劬劳”、“哀哀父母，生我劳瘁”的咏叹。

如今，经过岁月的涤荡，现代意义上的孝文化，主要沿袭和拓展了传统孝文化的精华，融入了现代文明的元素，成为约定俗成的道德规范，尊老爱幼、孝敬父母，谓之小孝；忠于企业，为单位的发展孜孜以求，谓之中孝；为社会的发展、人类的进步，奉献一片丹心，谓之大孝。而这些"孝文化"对创建企业文化，促进企业发展有着重要的意义。一个不以国家利益为重的企业，损害的是客户的利益，伤的是员工的心，最终丢掉的是客户和市场。所以，作为企业管理者，一定要怀孝心，行孝道，施孝行，如此才能视客户为衣食父母，视员工为兄弟姐妹，才能在企业内部形成一种强大的感召力，促使企业向前发展。

大凡在事业上有成就的管理者，都是具有孝心，行孝道的人。

北京九鼎轩国际投资置业公司董事长李元发，是大陆改革开放以后到京发展的第一代台商，当记者问道："您的中国式管理是怎么体现的"时，他说："我主要用孝道进行管理。我在九鼎轩设立了一项'孝养基金'，每月都会将企业内部员工薪酬的10%提取出来，员工与公司各承担一部分，公司统一管理，直接汇给员工的父母。当他们的父母收到钱时，就意味着他们孩子的收入是稳定的。当然这也是两代人保持联系的机会。"

当记者问及为什么会有此举时，李元发就说出了自己创办这项基金的初衷："企业肩负的责任不仅是赚钱，而是影响一个族群和群体，企业稳定了，员工稳定了，家庭也会稳定；而家庭稳定了，社会也就稳定了。作为企业领导人，我的责任就是要为员工创造一个在行业内可以长期稳定发展的环境。"

无独有偶，浙江上虞民营企业铜业有限公司也在企业内部设立了"孝顺公积金"。企业规定，每个人在该公司工作一年以上、加入工会组织的本公司职工都可自愿参加，每个职工每月只要交出30元，企业拿出30元，每月就打入职工会员父母的银行卡上面。这项公积金的享受者是职工任何一方年龄在65岁以上的老人。

其实，"金鹰铜业"设立该项基金的初衷旨在弘扬孝道，企业内的大

**部分的职工都来自当地的农民，以前发生过一些职工由于长年缺少与父母的沟通，以致不愿意赡养父母的情况。所以，公司就提倡交叉购买，女性职工给公公婆婆买，男性职工给岳父岳母买，这样能够更好地促进职工家庭的和谐稳定，真可谓用心良苦。**

中华民族是一个以孝道传世的民族，俗话说“百善孝为先”，孝道是决定家庭、社会稳定发展最基本、最重要的道德。试想一个企业家没有仁孝之心，怎么能够与企业共发展，怎么能够爱员工、尊重他人呢？他更不可能得到员工的敬佩与尊重。

总之，“孝”文化是中国优秀文化的结晶，孝道乃大，这值得任何一个组织或企业去大力提倡，真正崇尚孝道的人才算得上一名合格的炎黄子孙。一位心怀“仁孝”之心的管理者，才能让企业在发展的道路上越走越远。

## 换位思考很重要

“絜矩之道”从另一方面也告诉我们，为人处世时推己及人、换位思考的重要性。换位思考，即指能时刻站在对方的立场上设身处地为他人思考的一种方式。在人际交往中，懂得换位思考的人，能够体会他人的情绪和想法，理解他人的立场和感受，并站在他人的角度思考和处理问题。在现代社会中，一个人能否换位思考，已经成为衡量其情商高低的重要标准。

一般来说，能时刻站在别人角度看问题的人，在与人交往时，会遵循以下的交往原则：

1. 我怎么对待别人，别人就怎么对待我。

2. 想他人理解我，就要首先理解他人。将心比心，才会被人理解。

3. 别人眼中的自己，才是真正存在的自己。学会以别人的角度看问题，并据此改进自己在他人眼中的形象。

4. 只能修正自己，不能修正别人。想成功地与人相处，让别人尊重自己的想法，唯有先改变自己。

5. 真诚坦白的人，才是值得信任的人。

6. 真情流露的人，才能得到真情回报。

懂得换位思考的人，能够时刻从别人的角度思考问题，做事情会考虑到他人的感受；与人沟通比较真诚，愿意将自己的一部分想法表露出来；能让人觉得被理解、被包容；学会倾听，工作中尽量考虑对方的需要。同时，他们能急对方所急，能够使人不知不觉地将内心的想法、感受说出来；另外，他们还能将心比心，设身处地地去感受和体谅别人，并以此作为工作依据。有优秀的洞察力与心理分析能力，能从别人的表情、语气判断他人的情绪。投其所好，真诚，说到听者想听，听到说者想说；以对方适应的形式沟通。

无论在管理中，还是在与人交际中，我们都应该树立“换位思考”的意识，推己及人，自己不愿意做的，也不要去施加给别人。

一家文化公司的老板，希望自己的员工对自己能够忠诚，能长期跟随自己把事业做大。他给员工的工资在当地属于中等偏上。但他的员工在发薪水时却总与他讨价还价，哪怕是100块钱。老板开始看不惯，想不通，觉得员工都太贪心。后来，他站在员工的角度去想，将他们每个月的生活开销列了个账单，通过分析发现，这些员工的日子过得确实很苦，于是就增加了他们的工资，员工都很感动，觉得老板很是体贴下属，于是工作也更卖力了，对公司也更为忠诚。

由此可见，换位思考能达成一个双赢的局面。心理学家认为，要更好地体察别人情绪，就要懂得站在对方的角度去考虑，其考虑的因素主要包括对方的年龄、性别、工资、学识、远见、工作性质、出生条件、家庭状况等，否则，换位思考只能停留在嘴上。

换位思考是融洽人与人之间关系的最佳润滑剂。人人都有这样的心理特点：总是爱站在自己的角度去考虑问题。假如我们能换一个角度，站在对方的立场上去想问题，就能多一些理解和宽容，从而改善和拉近人与人之间的关系。宽容这一美德，多是从换位思考得来的。在管理中也是如此，在一个团队之中，只有换位思考，才可能增强团队凝聚力。对于一个管理者来说，换位思考的能力是能否成功进行管理的一个重要因素。

## 原文

《诗》云："乐只君子，民之父母①。"民之所好好之，民之所恶恶之，此之谓民之父母。《诗》云："节彼南山，维石岩岩。赫赫师尹，民具尔瞻。②"有国者不可以不慎，辟，则为天下僇③矣。《诗》云："殷之未丧师，克配上帝。仪监于殷，峻命不易。④"道得众则得国，失众则失国。

是故君子先慎乎德。有德此⑤有人，有人此有土，有土此有财，有财此有用。

德者本也，财者末也。外本内末，争民施夺⑥。是故财聚则民散，财散则民聚。是故言悖⑦而出者，亦悖而入；货悖而入者，亦悖而出。

## 注释

①"乐只君子，民之父母"：此句引自《诗经·小雅·南山有台》。乐，快乐，喜悦。只，语助词。本句意为：使人心悦诚服的臣主啊，是民众的父母。

②"节彼南山……"：本句引自《诗经·小雅·节南山》。节，高大。岩岩，险峻的样子。师尹，太师尹氏，太师是周代的三公之一。尔，你。瞻，瞻仰，仰望。

③僇：通"戮"，杀戮的意思。

④“殷之未丧师……”：本句引自《诗经·大雅·文王》。师指民众。配指符合。仪指宜。监指鉴戒，峻指“大”。不易，指不容易保有。

⑤此：乃，才。

⑥争民施夺：争民，与民争利。施夺，施行劫夺。

⑦悖：逆。

## 译　文

《诗经》上说：“使人心悦诚服的国君啊，是民众的父母。”民众喜欢的他也喜欢，民众厌恶的他也厌恶，这样的国君可以说是民众的父母了。《诗经》说：“巍峨的南山啊，岩石耸立。显赫的尹太师啊，百姓都仰望你。”治理国家的人不能不谨慎小心。稍有不慎，其王朝就会被天下人推翻。《诗经》说：“殷朝没有丧失民心的时候，还是能够与上天的要求相符的。请用殷朝作个鉴戒吧，守住天命并不是一件容易的事。”这就是说，得到民心就能得到国家，失去民心就会失去国家。

所以，品德高尚者首先是十分注重个人修养的。有德行才能获得众人的拥护，有人拥护才能保住土地，有土地才能守住和获得财富，有财富才能供给使用。

德是根本，财是枝末，假如将外在的东西当成了根本，把内在的东西当成了末枝，那当政者就会和人民大众争夺利益。所以，君王聚财敛货，民心就会尽失；君王散财于民，民心就会聚在一起。这正如你说话不讲道理，人家也会用不讲道理的话来回应你；财货来路不明，总有一天你也不明不白地失去。

## 经典解读

本段正印证了孟子的话：“得道多助，失道寡助。”对当政者来说，最大的问题莫过于处理好民生的问题，想民众所想，恶民众所恶，如此才能得到民众的拥护和爱戴，才能使江山稳固、国泰民和。所谓“舟，好比人君；水，就好似黎民百姓。水能载舟，亦能覆舟”说的正是曾子所说的“道得众则得国，失众则失国。”

“王无罪岁，斯天下之民至焉”。孔子说：“君子求诸己，小人求诸人。”君子凡事都从自己身上找原因，遇到错误一定要先反省自己是否哪里没有做好，是否自己道德品行出现了缺失。小人则不然，他们一旦遇到了错误，首先想到的不是自省，而是推卸责任，对其他人求全责备。

一个领导者，能够在事情面前承担起责任，不仅是一种勇于承担的美德，也是一种能够让手下人信服的统治智慧。古代的贤王都有这种美德和智慧。刘向《说苑·君道篇》记载，大禹外出见到罪人，下车询问并哭泣，左右的人都问：“罪人不守道，是他自己的过错，您为何要哭泣呢?”大禹说：“尧、舜为天子的时候，天下人都以尧舜之心为心；现在我为天子，百姓却作奸犯科，所以难过啊!”并记下：“百姓有罪，在予一人。”《吕氏春秋·顺民》记载，商汤攻灭夏朝之后，天下大旱，于是汤向上天祈祷说：“余一身有罪，无及万夫；万夫有罪，在余一人。无以一人之不敏，使上帝鬼神伤民之命。”从尧舜禹汤，到汉文帝、唐太宗那些被称道的君王大多将其挂在嘴边，也正是这样，他们成为了圣贤君王的代表，被后世所称道。而那些败亡的君主就认识不到这一点，比如到死还抱怨“天亡我，非战之罪”的项羽；被农民起义军逼得上吊了，还假惺惺地要求李自成成爱民的崇祯皇帝。

爱护百姓是统治者的职责，国政不宁、百姓不安，罪责不在他人，就在于统治者的无道、不仁，那些将王朝灭亡的原因归罪于天灾地变、外族入侵的观点都是愚夫之见，是只见其末端而未见其根本。

另外，本段曾子阐述的另一个主题便是“德者本也，财者末也”。真正贤明的君王心怀天下，志向高远，他们胸中所想的是治民救世，贫穷之时则修身待时，通达之时则以身赴道，财物利禄能够维持生活就足够了，贤明的君王不会将个人利禄作为奋斗的目标。一个人如果时刻想着崇高的理想，就不会在乎衣食之用，不会在乎金银财宝这些身外的利欲之物，故《诗》云："不忮不求，何用不臧。"《论语》中强调"君子固穷"、"子罕言利"，老子也说"不贵难得之货，使民不为盗"。

重义轻利是一个人具有美德的体现，治理人民的统治者更应该如此。统治者是人民的榜样，统治者好德，人民便同样好德向善，统治者好利，人们也会汲汲于富贵，为了利益而相互争夺。世人都重义，社会就会被礼仪所影响，充满秩序和和善；世人都重利，社会就会被铜臭气息所充斥，出现无数的争端和纷扰。《荀子·大略篇》说："盛世重义，乱世重利。"《道德经》中也说："民多利器，国家滋昏。"

**哲理引申**

## 守"道"可兴，违"道"会亡

曾子用"道得众则得国，失众则失国"告诉我们，对当政者来说，"民心"便是"道"，守"道"可兴天下，违"道"便会失天下，会灭亡，这是毋庸置疑的历史铁律。在中国历史上，那些失"道"的君王，诸如夏末的桀、商末的纣、隋末的隋炀帝等帝王，无不是因为施行暴政，从而失去民心而使王朝走向灭亡之路的。

秦朝失道，天下诸侯并起，最后形成楚汉争雄的局势。开始，项羽的楚军要比刘邦的汉军强大很多，然而项羽却有个致命的毛病——才胜于德。作为武将，项羽勇猛异常，叱咤呼喝没人敢直视他，但他却骄傲自大，没有仁德之心。秦将章邯受到赵高的逼迫，不得不投降项羽，当时秦军尚有20多万士卒，这些士兵投降以后，受到诸侯军队的欺凌，有私下逃走者，有口出怨言者。项羽认为降卒人数众多，留下恐怕生出后患，就设计趁着夜色在新安将20万秦卒全部坑杀。进入咸阳以后，项羽丝毫没有怜悯之心，任由士兵剽掠秦地父老，放火烧毁咸阳宫殿，大火数月不灭，并将投降的秦国宗室全部杀死。在秦朝灭亡以后，项羽自以为天下没人敢和自己抗衡，便弑杀义帝，自号西楚霸王，将自己喜爱的将军封王封侯，自己不喜欢的人排挤打压。相反，刘邦待人宽厚温和，有缺点的人能够包容，曾经与自己有怨的人能够宽容，天下贤人唯才而用，宽容秦地百姓，天下民众无不恩服。

在楚汉相争中，项羽屡战屡胜，却人心尽失，不仅不能征服魏、齐等地，连自己分封的诸侯英布、吴芮都转投刘邦来反抗他，而刘邦虽然屡次战败，但总能重新积聚起力量继续战斗。最后，项羽在垓下被围，突围到乌江边上，知道大势已去，自刎而死，留下无限遗憾，刘邦则成为汉高祖，开创了两汉四百年基业。自古以来，恃德者昌，恃力者亡，要想征服他人，必须有崇高的美德，不修习德行，却一味追逐强力，即使运气再好，也难逃最终败亡的命运。

其实，对于生活在现代社会中的我们来说，生活的方方面面都是依"道"而生，依"道"而行的。人的生老病死是遵循其"道"的，衣食住行也都遵循着各种规律，社会的道德法律、规章制度乃至本人内心的各种原则、底线都规定了我们该如何行事，如何做人，这也是"道"。先哲们在长期的文明积淀之中总结、创造出了这些"人生之道"，我们必须时时刻刻遵循着它们，没有这些人心就会变得迷茫，社会就会变得混乱，组织就会陷入瘫痪，个人也会迷失、不知所从。可以说，无论是个人还是组织，守"道"则可以兴，违"道"则一定会亡。

春秋时楚国的令尹子文就是一个在行动中坚持大道的人。他家中有个触犯法律的人，廷理把他抓了起来，但听说是令尹的家人就放了，子文找来廷理责备说，设立廷理就是要管犯王令国法的人，那些正直的人持掌法律，柔和却不屈服，刚烈却不折服，现在违背法律而把犯人放掉，这是作为法官却不公正，心中怀有私念，这不是说明我有结党的意思吗？你怎么能够违背法律呢？我担任如此高的职位，是给官员和百姓作表率的，官员和百姓们有的人有怨言，我也不能免于法律，现在我的家人犯法，你因为我的缘故而放了他，那我的不公正在国家就彰显了。我掌握一个国家的命运却让别人听到我有私心，这就违背了我所坚持的道义，不如死了。于是他将其家人交给廷理，说："不给他判罪，我就死。"

廷理不得已判了那个人的罪。楚王听说了，来不及穿上鞋就跑去子文家中，说："我年纪小，执法官员安排错了人，让你委屈了。"因此罢黜了廷理，而且抬高子文的地位，让他管理内政。国家的老百姓听说了之后，说："令尹这样公正，我们这些人还有什么可担忧的呢？"

行为源于意识，意识源于信仰。你心中坚守什么样的大道，决定了你将会做什么样的事情，也决定了你将会成为一个什么样的人。遵循"道"铸就伟大的人格，注定会"兴旺"，而违背"道"则会导致错误的人生追求，注定会"衰亡"。

那么在现实生活中我们应当如何理解"道"，如何遵从"道"？首先，我们应当敬畏道，敬畏遵从道而运作的大自然，敬畏天地间合理存在的万物，静心体会那些不可言说的宇宙奥妙，用心灵去感受世间一切；其次，我们要在纷呈的生活中寻找到自己应当坚守的一些道，不应为恶劣的环境而放弃自己的立场，做到仰俯天地之间而无愧；再次，我们坚守道的同时还应认识到道并非是一成不变的，它随着时间、随着外部环境的改变也发生着微妙的变化，我们在生活中应当顺应道的变化而调整自己的立场与观点，与时俱进，顺应世界潮流的发展，调整自己的心态和行为，跟上周围环境的变化，不让自己成为"落伍者"。

## 无德之"得"，必致祸患

曾子指出，德为之本，财为之末，认为当政者只有修好德行，才能获得更多人的拥护，有人拥护才能保护好土地，有土地才能获得更多的财富，有财富才能供给使用。在曾子看来，德行才是财富来源的"根本"。如果当政者不靠德行去获财，而靠"掠夺、争抢"去与百姓争利，那必然会招致祸患。

《孟子·梁惠王下》记载了这样一个故事：

齐国攻打燕国，占领了它。其他诸侯谋划救燕。齐宣王说："很多诸侯在谋划着要来攻打我，该怎么应对呢？"

孟子回答："我只听说过依仗着方圆七十里的国土就能统一天下的，商汤就是如此。却没有听说过拥有方圆几千里的国土而去害怕其他国家的。《尚书》说：'商汤初次征伐，从葛国开始。'天下人都信服于他，当他进军东方时，西边的老百姓就开始抱怨；当他进军南方时，北边国家的老百姓就开始抱怨。都说：'为何把我们放到后面呢？'老百姓期盼他，就像久旱盼云霓一般。（就是说，汤的征伐一点也不会惊扰到百姓，）商人照常做生意，农民照常种地。他诛伐那些暴虐有罪的国君，而安抚在酷政之下的老百姓，就像及时雨一般，百姓非常高兴。《尚书》说：'企盼我们的王，他来了，我们也就复活了！'如今，燕国执政者虐待老百姓，大王的军队去征讨他们，百姓都以为您是要把他们从水深火热之中拯救出来，所以用饭筐装着饭，用水壶装着酒浆来欢迎大王的军队。可您却杀死他们的父兄，抓走他们的子弟，毁坏他们的宗庙祠堂，抢走他们的祭器宝物，这怎么可以呢？天下的诸侯本来就对齐国的强大充满了畏惧，现在齐国的土地又扩大了一倍，而且（大王）还不施行仁政，这就必然会引起天下的战乱。大王您赶紧发布政令，放回燕国老老小小的俘虏，停止搬运燕国的宝器，再和燕国的老百姓商议，为他们选立一位新国君，然后从燕国撤军。这样去做，还可以来得及制止各国举兵。"

齐宣王曾经想攻打燕国，孟子曾经劝谏齐宣王对于燕国的土地要度德而取舍，要认清利益之后的危机和责任，土地可以占领，但一定要善待那里的人民，将人民从暴政之中拯救出来。可惜齐宣王眼中只有燕国的土地和霸业的雄伟蓝图，完全是一副被利欲迷惑了心智的形象，自然难以听从孟子的忠言了。齐国占领燕国之后，杀死了子之、燕王哙，将燕国的财物搜刮一空，大车小车地运向齐国，燕国百姓开始还以为齐军是来帮助他们解决纠纷，拯救他们的，没想到齐国军队却只知道烧杀抢掠。在长达两年的时间里，齐国完全是一副外国占领军的姿态，根本没有用恩义去感化燕国的百姓，以致最后燕国人提起齐军无不咬牙切齿，反抗四起。外面的诸侯，见齐国如此，也开始谋划讨伐齐国。

齐宣王于是有了本章“诸侯多谋伐寡人者”的危机，此时他才知道孟子的大智慧，不得不向孟子请教该如何收拾这烂摊子。民心已失，即使圣贤如孟子，还有什么办法呢？只能从燕国撤回军队，停止搜刮抢掠罢了。

得人的关键在于得其心；得物的关键在于修养自己的德行、才能，使自己能配得上所想要的东西。齐宣王想得到燕国，却不懂得得到土地没有用，得到财宝没有用，得到人心才是根本。《大学》中说：“有德此有人，有人此有土，有土此有财，有财此有用。”不施行仁政，不用德行感化人们，单单靠武力占领土地、搜刮财富，是没有用的，只能给自己带来无尽的后患。正是因为齐国的这次侵略，让燕国人忌恨不已，燕昭王求贤最后复仇，攻破齐国，让齐国也险些遭到亡国之灾，将齐宣王此次掠夺的财宝全部抢了回去，让强大的齐国一蹶不振。

得，就是德，只有以德为基础，才能真正得人，才能真正得利。老子说过：“上善若水，水善利万物而不争，夫唯不争，天下莫能与之争。”自身不具备德行，却放纵贪欲，贪求无厌只能自取灾祸。

## 德行是“聚财”的根本

国学大师南怀瑾先生说，人生在世，一切财富、名誉、地位都是外在的表象。德行才是根本，厚德载物这句话丝毫不假。为什么学习传统文化之后能够轻松获得财富？是因为厚德才能载物，千金财富必定是千金人物。曾子也指出，当政者如果不修身养德，一味地去与民争富，那么定会因为失去民心而丧失财富。所以说，德行是“聚财”的根本，这条法则不仅适用于当政者，而且也适用于现代商人。

美国伯克希尔·哈撒韦公司董事长沃伦·巴菲特说："和一个道德败坏的人，无法完成一桩好的交易。"日本本田汽车公司创始人本田宗一郎说："一个人，最重要的不是学历，而是具备一种受人爱戴并能使他人乐于帮助你的美德。"可见，在商场中，德行的重要性。

蒙牛集团前董事长牛根生说："小胜凭智，大胜靠德。"在商场多年摸爬滚打几十年的生涯中，牛根生认为"德"是制伏人心的一件利器，他认为一个人、一家企业想赢两三回合、赢三五年，有点智商就行；要想赢一辈子，没有"商德"绝对不行。牛根生说："一个好的企业要敢于跟自己较劲，一个企业的发展其实就是与自己较量的过程。发生任何问题，先从自己身上找原因。因为改变自己容易，改变别人困难。假使矛盾双方的责任各占50%，那么，就先从改变自己开始。当你主动改变后，你会发现，对方也会跟着改变，而且这种改变不是同比例的，往往你改变10%后，对方会改变30%，正所谓你敬他一尺，他敬你一丈。万一你改变了50%以后，对方还是一点也不改变，怎么办呢？你还是要坚持与自己较劲。因为95%的情形不是这样的，当你无数次地与自己较劲后，回头再看，大数定律的效能就显现出来了，你通过改变自己而改变了世界。"这就是牛根生的大胜之德，也是缔造蒙牛传奇的绝密武器。

在当下的市场竞争中，一个企业及其企业家的道德修养操守，是企业获得成功的根本力量。谁也不愿意与一个无德之人合作，谁也不情愿去购买一家"无德"企业生产的商品。曾子说，一个无德之君，会将一个国家带向灭亡之路，同样地，一个无德的企业家，也会让一个企业面临无妄之祸。没有一个失德企业或商人能在发展的道路上走得很远。你要清楚，大富豪绝对不是靠欺骗手段就能发家致富的。在商业经营或者活动中，不要一味地追求那些商业技巧和生意经，生意成功最简单的秘诀就是厚德与诚信。诚信和高尚道德，会使你赢得客户的青睐、好的口碑、良好的生意与社会形象。

从国内外的一些精英人士的言谈举止中，我们可以知道“小胜凭智，大胜靠德”绝不只是口头上的表白，只有言行一致才能获得真正的“大胜”。要想成大业必须要把“人”做好，做好了“人”，有了德行，生意自然就会好了。现实生活中，那些优秀的企业家，无一不是有德行的。他们身上，他们的企业文化中，无不包含着“德”的理念——蒙牛的“诚信换诚心”，海尔的“真诚到永远”等，那些走在时代前列的先行者们正在用自己的“德”，向世人展示他们的企业之魂，而这正是这些企业之所以能决胜商场的无敌利器。

## 原文

《康诰》曰：“惟命不于常。”道善则得之，不善则失之矣。

《楚书》[①]曰：“楚国无以为宝，惟善以为宝。”舅犯曰[②]：“亡人无以为宝，仁亲以为宝。”

《秦誓》[③]曰：“若有一介臣，断断[④]兮无他技，其心休休[⑤]焉，其如有容[⑥]焉。人之有技，若己有之；人之彦圣[⑦]，其心好之，不啻[⑧]若自其口出。实能容之，以能保我子孙黎民，尚亦有利哉！人之有技，媢嫉[⑨]以恶之；人之彦圣，而违[⑩]之，俾[⑪]不通：实不能容，以不能保我子孙黎民，亦曰殆哉！”唯仁人放流[⑫]之，迸[⑬]诸四夷，不与同中国[⑭]。此谓唯仁人为能爱人，能恶人。见贤而不能举，举而不能先，命[⑮]也；见不善而不能退，退而不能远，过也。好人之所恶，恶人之所好，是谓拂[⑯]人之性，灾必逮[⑰]夫身。是故君子有大道，必忠信以得之，骄泰[⑱]以失之。

## 注释

①“《楚书》”句：本句出自《楚书》，楚昭王时编纂的史书。楚昭王

派王孙圉出使晋国。晋国赵简子问楚国珍宝美玉现在怎么样了。王孙圉答道：楚国从来没有把美玉当作珍宝，只是把善人如观射父这样的大臣看作珍宝。

②“舅犯”句：舅犯，晋文公重耳的舅舅狐偃，字子犯。亡人，流亡的人，指重耳。晋僖公四年十二月，晋献公因受骊姬的谗言，逼迫太子申生自缢而死。重耳避难逃亡在外在狄国时，晋献公逝世。秦穆公派人劝重耳归国掌政。重耳将此事告诉子犯，子犯以为不可，对重耳说了这几句话。事见《礼记·檀弓下》。

③“《秦誓》”句：出自《尚书·周书》。

④断断：即为真心诚意的样子。

⑤休休：指宽宏大量。

⑥有容：能够容人。

⑦彦圣：指德才兼备。彦，美。圣，明。

⑧不啻：不但。

⑨媢疾：妒忌。

⑩违，阻抑。

⑪俾：使。

⑫放流：流放。

⑬迸，即“屏”，驱逐。四夷，意指四方之夷。在古代，夷主要指古代东方的部族。

⑭中国，全国中心地区。与现代意义的“中国”一词意义不一样。

⑮命：东汉郑玄认为应该是“慢”字之误，慢即指轻慢。

⑯拂：逆，违背。

⑰逮：及、到。夫：在这里为助词。

⑱骄泰：骄横放纵。

**译　文**

《康诰》中说："天命是无常的。"也就是说，行善就能得到天命，不行善就会失去天命。

《楚书》中说："楚国国内是没有什么宝贝的，只是把'善'当作宝。"舅犯说："流亡在外的人没有什么是宝，只是把'仁爱'当作宝。"

《秦誓》中说："如果有这样一位大臣，忠心诚意，虽没有什么本事，但却心胸宽广，有容人的气度和度量，别人有能力，就如同他自己有一样；别人德才兼备，他心悦诚服，不只是在口头上表示，而是打心眼里赞赏。用这种人，是可以保护我的子孙和百姓的，是可以为天下造福的啊！相反，如果别人有本领，他就忌妒、厌恶；别人德才兼备，他便想方设法去压制和排挤，无论如何容忍不得。用这种人，不仅不能保护我的子孙和百姓，而且可以说是危险得很！"因此，有仁德的人会把这种容不得人的流放，把他们驱逐到边远的四夷之地去，不让他们同住在国中。这说明，有德的人爱憎分明，发现贤才而不能选拔，选拔了而不能重用，这是轻慢；发现恶人而不能罢免，罢免了而不能将它驱逐到远的地方去，这是过错。喜欢众人所厌恶的，厌恶众人所喜欢的，这是违背人的本性，灾难必定要落在自己身上。所以，做国君的人有正确的途径：忠诚信义，便会获得一切；骄奢放纵，便会失去一切。

**经典解读**

本段主要阐明的是用人的问题：唯心胸宽大者，贤仁之士能爱人，能恶人。也就是说，有德行的人，才能爱憎分明，以广阔的心胸容纳真正的贤者，驱逐恶者。

曾子说："惟仁者能好人，能恶人。"即是说，唯有仁者才能公正无私地去喜爱人、憎恶人，什么事情都能做得恰到好处，这是孔子立身处世的信条。人如果不能公正地去爱人，善恶不分明，不能算仁者。在很多人看来，真正的仁者应该平待地看待众生，即无分别心，既然没有了分别心，能以一种平等的心面对一切，那爱与恨之间便没有界限了。然而曾子与孔子都不这么认为，他们觉得仁者无爱无憎，那么世界也就不会存在正道与邪道了，这种黑白不分、是非不明、忠奸不辨的现象，必然会无处不在。

**哲理引申**

## 重视人才，将选人当头等大事来抓

治国、平天下最为关键的是用人，而用人的关键在于德行。自古至今，那些有作为的帝王，无不是把重视和尊重人才当成头等大事去抓。

“贞观之治”是中国封建王朝历史长河中最为灿烂的一笔。它的出现一方面缓和了社会矛盾，促进了社会经济的恢复与发展；另一方面也稳定了社会秩序，巩固了封建统治。然则，它的出现并非是偶然现象，而与贞观时期的最高统治者李世民的领导才能与虚怀若谷的用人策略有着极为重要的关系。他重视人才，求贤若渴，知人善任，敢于在仇敌中重用忠良，在庶民中提拔精英，于庙堂之上大行科举，于地方上广修学校，自始至终坚信“林深则鸟栖，水广则鱼游，仁义积则物自归之。”其影响远胜秦皇汉武。在诸多的封建帝王中，被誉为“千古一帝”。

李世民出身行伍，不仅胆略过人，更有战略家的深谋远虑。他非常推崇曹操提出的“天地间，人为贵”，“将贤则国安”的“重人”思想。他曾说：“打天下用人在于人和，治天下用人在于无才不用、用尽天下才。”就在他事业的创新时期，他曾说：“用人的关键在于：你感觉不好的人，对你不敬的人，别人的人等都要懂得任用。”正是他的这种虚怀的用人态度与用人策略，使他周围聚集了一大批治国精英，为国家发展献策出力，最终成就了一番伟业。

有一天，唐太宗发现左右仆射房玄龄、杜如晦每天都陷在事务堆中，一天之内要阅读处理几百件公文，几乎没有什么时间去考虑选拔人才等大事。唐太宗十分生气地对他们说："你们身为仆射，应当为我分忧，协助我操劳国家大事，要耳听得远，眼看得宽，拓宽识人的渠道，为国家察访贤能、智慧之士。你们现在整天陷在事务堆中，哪有时间帮助我去选拔贤能之士呢?"

随后，唐太宗又下了一道诏书给各尚书省：凡是琐碎的事务都交给左右丞相来处理，只有疑难重大的事务才交给左右仆射处理。将房玄龄与杜如晦二人从繁忙的事务堆中解脱了出来，让他们主要考虑国家重大的事件，特别是考虑如何为国家选拔德才兼备的人才问题。

在当时政治极为清明的情况下，李世民就将主要官员的第一职责定为选拔人才，将选用人才作为治理国家的第一出发点，足见他重视人才的良苦用心。

对于现代企业而言，无论在任何情况下，人才都是企业发展的第一利器，也是企业的生命。选对并重用一个人才就等于搞活一个企业，所以，作为企业管理者，也应该将选拔人才放在第一位，"选对人"比"如何做事"更为重要。

素有"经理人中的经理人"之称的杰克·韦尔奇，是世界上最成功、最伟大的CEO之一。他认为，挑选最好的人才是企业管理者最为重要的职责。他说："领导者的工作，就是想尽办法将业界最为优秀的人才招揽过来。"与其他的CEO不同，杰克·韦尔奇在工作期间，几乎将一半以上的时间都花在了人事招揽方面，他也将自己的成功主要归于自己为企业正确地选择了最为重要和合适的人才。他曾说："我们所能够做的就是把赌注押在我们所选用的人身上。因此，我的全部工作就是为企业选择最为恰当的人。"

惠普公司前老总戴维·帕卡德也十分重视人才的选用工作，他认为，优秀人才是公司最为重要的资产，一家公司要想持续健康地发展，必须要下大力气选人才。所以，与其他公司不同，惠普的管理层总是会将录用人才这件事排在所有事务之前，将选用人才当作头等大事来抓，选拔任用真正的人才。

人才是现代企业最为宝贵的竞争力之一，为此，许多企业都始终将挑选人才、引进与重用人才，当成第一位的工作环节来抓。就连世界上发展最快的公司之一，微软公司都将不断地寻求最优秀的人才作为重要的工作内容。

比尔·盖茨总认为，寻找到一个合适的人才，比他的财产增长更能让他激动。他说："这个世界上无论任何角落，只要有哪个人才被我发现，我会不惜任何代价，将其请到我身边来。"他在创立美国微软研究院时，曾经请了许多说客去说服卡内基·梅隆大学的雷斯特教授加入。在历经几个月的"软磨硬泡"后，雷斯特终于被盖茨重视人才的真诚所打动。雷斯特加盟微软以后，又网罗了一大批计算机方面的人才，这让盖茨极为高兴。

其实，从一开始，比尔·盖茨就坚持公司一定要雇用业界最为出色的人才。必要的时候，他还亲自介入招聘过程。比如说，当一个十分有发展潜力的程序员犹豫是否该加盟微软时，比尔·盖茨就会亲自打电话过去说服他加入。当微软发展起来以后，他还时不时会给他看中的人才打电话，问其是否愿意加入他们的团队。

商业学教授蓝多·依·斯佐斯在《微软模式》中这样说道："盖茨从来都是有意识地去雇用那些有潜力的人才并给予他们十分丰厚的回报，这似乎已经成为当代成功企业一种流行的成功模式。而这也是微软成功的重要原因。"

比尔·盖茨正是因为重视人才，将选用人才作为头等大事来抓，其周围才能聚集起了一大批人才，使微软在技术开发的道路上一路领先，在经营方面运作高超，最终成为全球发展最快的公司之一。

由此可见，企业的成功其关键在于管理者是否能够从根本上去重视人才，是否能够主动将选用人才作为头等大事来抓。

## 德行是用人第一法则

孟子认为，一个国家什么最重要？不是金银珠宝，不是土地山川，而是人——贤人。有了人才，便有土地，有财富，有王业霸业；没有人才，土地珠宝又有何用，拥有的越多，失去的就越快，祸患来得就越迅猛。但是什么样的人才算得上是贤人呢？孟子指出，德行是衡量一个人是否是贤才的重要标准。

《资治通鉴》上记载着这样一则典故：

齐威王和魏惠王相约在郊外一起打猎。魏惠王说："齐国有宝贝吗？"齐威王说："没有。"魏惠王说："我的国家虽然小，尚且有直径一寸大小的珍珠，光辉能够照亮车前车后各十二辆车，这样的珠子有十颗。难道你们这样的大国，就没有宝贝吗？"威王说："我用来认定宝贝的观点跟您不同。我有个大臣叫檀子的，派他守南城，楚国人就不敢来侵略，泗水流域的十二个诸侯都来朝拜我国。我有个大臣叫盼子的，派他守卫高唐，赵国人就不敢来黄河打鱼。我有个官吏叫黔夫的，派他守卫徐州，燕国人对着徐州的北门祭祀求福，赵国人对着徐州的西门祭祀求福，迁移而请求从属齐国的有七千多家。我有个大臣叫种首的，派他警备盗贼，做到了路不拾遗。这四个臣子，他们的光辉远照千里，岂止十二辆车呢？"魏惠王听了，面带羞惭。

历史上那些伟大的君王都知道人才才是兴国定世的根本，于是不惜散尽万金，躬身卑辞地求取贤士。有了人才然后才能强大国力，而后才能得到土地，得到财宝。商汤得到伊尹兴起，周文王得到吕尚而兴起，秦孝公得到商鞅而兴起，燕昭王得到乐毅而兴起，汉高祖得到张良、韩信而兴起……

人才，是强国的根本。选择一个不称职的人，可能给国家带来无穷的灾祸。赵孝成王在长平之战时，不听赵括母亲和蔺相如的劝谏，执意起用赵括，最后导致四十万赵军被坑杀。失去一个优秀的人才，不仅与己有损失，还给对手创造了机会。魏惠王丞相公叔痤去世时，向魏惠王推荐商鞅，可魏惠王没有任用，结果商鞅赴秦，在秦孝公的支持下进行变法，使秦国成为魏国最大的忧患。齐桓公听从鲍叔牙的善言，任用管仲，从而成为春秋五霸之首。后来他不听从管仲的善言，亲近易牙、开方、竖刁等小人，导致国家混乱，自己也凄凉地死去。一人可以兴国，一人可以乱国，作为领导者，在选择人才上，岂能不加慎重！

司马光在《资治通鉴》中说："才者，德之资也；德者，才之帅也。"对于人生来说，才能只不过是德行的辅助罢了，而德行却是才能的统帅。真正决定人生的是德行，才能虽然有促进作用，但必须建立在德行的基础之上。有德，即使才能平庸也未必不能成功；没德，即便是才华再高，一定不会有好的结果。

司马光对此做了一番严密的论证，大意是说：聪慧、明察、坚强、刚毅，这些都叫作"才"，公正、刚直、不偏不倚、平和温柔，这些都叫作"德"。一个人有才有德便是"圣人"，无才无德便是"愚人"，德胜过才便是"君子"，才胜过德便是"小人"。如果在用人的时候，得不到圣人和君子，宁愿用没才没德的愚人，也不要用才胜于德的小人。为什么呢？愚人一般没有作恶之心，即便有他的才能有限，也容易被制住；小人则不然，他们凭借自己的才能为恶，没有什么做不到的，他们的智慧足以成就奸计，他们的勇力足以施行残暴，危害就大了。世人之所以犯那么多错误，就是因为只看重才能而轻视德行，历史上那些国之乱臣、家之败子，都是因为才有余而德不足。所以，在现实生活中，身为管理者或领导者，一定要仔细审察才与德的分别，重视修养自己的德行，如此才能消除祸患。

## 物“空”可纳万物，心“阔”可成大业

何为“道”，老子在《道德经》中，曾不止一次地提及“道”即为“虚空”的说法。《道德经·第四章》中讲：“道冲，而用之有弗盈也。渊呵！似万物之宗。锉其兑，解其纷，和其光，同其尘。湛呵！似或存。吾不知其谁之子，象帝之先。”在老子看来，所谓的“道”是空虚无形的，但它的作用又是无穷尽的。它好像是万物的本源，消磨它的锋锐，消除它的纷扰，调和它的光辉，混同于尘垢，隐没不见，但又好像实际存在。在这里，老子为我们描绘了一个“宏大虚空”的道的概念。

道冲，故而能用之而不盈，它广阔无边，故能囊括万物，无所不包。这里所谓的道是“空”的，它是万物的主宰。“空”是中华文化的精华：杯子空了，才能盛纳万物；腹地低了，才能容纳百川；同样，人的心胸空阔了，才能容人所不能，怀天下万事，成不世之功。

《道德经·第五章》中也提及：“天地不仁，以万物为刍狗；圣人不仁，以百姓为刍狗。”即为天地没有好恶的意识，圣人对百姓（所有的人们）也是平等的，没有喜爱或是憎恨某一部分人。在老子看来，大爱无憎，大道无疆，所谓的“大道”是一种非常阔大的心胸。人的心如果能够像虚空一样，能容得下万事万物，而且万事万物在他的心中都是平等的，这样的人就是老子所谓的圣人，这样的人也是无所不能，无事不成的。

春秋时期，恰逢楚王的大寿之日，于是楚王请了诸多大臣前来喝酒助兴。席间有美女载歌载舞，桌子上摆满美酒佳肴，屋子里烛光摇曳。楚王看到如此热闹的场景，兴奋之际还命令他两位最受宠爱的美人许姬和麦姬向各位大臣敬酒。

一时间所有的人都沉浸在热闹的气氛当中。这时候，突然一阵狂风刮来，把所有的蜡烛都吹灭了，屋子里漆黑一片。这时，席上一位官员

乘机摸了一下许姬的手。许姬一甩手，扯了他的帽带，然后匆匆回到位子上，并悄悄地告诉楚王：“大王，刚才台下有人调戏我，情急之下我扯断了他的帽带，你赶快叫人点亮蜡烛，看看到底是谁没有帽带，就知道是谁欺负我了。”

楚王听了，非但没有命令手下人点燃蜡烛，而是大声地向各位臣子说：“今天晚上我只希望在座的所有人都开心，也希望与各位一醉方休。现在，我请大家把帽子都脱了，今晚我们痛饮一场。”众人们都拍手叫好，也不再拘束自己了，纷纷脱去了帽子。这件事就这样过去了。

后来，楚王率兵攻打郑国，其中有一名健将独自率领几百人，为三军开路，一路过关斩将，直通郑国的首都。后来才知道，这个人就是当年调戏许姬的那位大臣。

故事中的楚王如果跟那个官员剑拔弩张，甚至大动干戈，他们之间就很可能产生一道难以愈合的伤疤，甚至还有可能成为敌人。但是楚王没有那么做，而是容了天下难容之事，宽容地对待了那位官员。

回顾一下历史，齐桓公能够不计管仲一箭之仇，任用管仲为宰相，让他管理国政，最终成就了霸业；李世民能够不计当年魏徵曾劝谏李建成杀掉他的前嫌，又重用了魏徵，最终有了贞观之治。设想一下，如果这些霸主没有大度量，当时那些身负聪明才智的谋士们能有几个愿意为其效力呢？也许他们可以凭借当时的权贵成名，但终究是难以成为有用之大器的。

战国时期，赵国有一个叫蔺相如的大臣，由于屡次护驾有功，深得大王的器重，所以官职一路上升。这便引起赵国大将廉颇的忌妒与不满，便处处与蔺相如作对，扬言一定要使他难堪。但是，蔺相如在面对廉颇一次次的无理取闹时，只是笑而避之。这让其他大臣为此大惑不解，蔺相如只说了一句：“先国家之急而后私仇。”没过多久，这句话便传到了廉颇的耳朵里，也正是这句话使得廉颇消除了对蔺相如的偏见，从而有了“负荆请罪”这个故事。廉颇对于蔺相如如此宽宏大量而深感惭愧，从此两人成为至交，一起为赵国奉命效劳。

所以说，学会放大自己的心胸，与人与己都是十分有益的。认识到这些，就会发现，当初让我们觉得天都要塌的许多困难，在现在看来只不过是一些鸡毛蒜皮的小事而已；当初那些让人感到快要窒息的斥责，现在看来也显得极为可笑了；过去那些令自己万分痛苦的事情，现在也只是供自己茶余饭后闲聊的一个话题罢了……一切的一切不都过去了吗？再痛苦，再不幸也只是生命的一个片段而已，只要把心灵放大一些，不要将那些不快留在我们的眼前与心中，一切都会成为永远的过去。

所以，不要过分计较眼前的一些痛苦和烦恼，那只会缩小我们的内心，心小了，如何能遵循大“道”，成就一番大事呢？

## 原文

生财有大道，生之者众，食之者寡，为之者疾，用之者舒，则财恒足矣。仁者以财发身[①]，不仁者以身发财。未有上好仁而下不好义者也，未有好义其事不终者也，未有府库[②]财非其财者也。孟献子[③]曰：“畜马乘[④]不察[⑤]于鸡豚，伐冰之家[⑥]不畜牛羊，百乘之家[⑦]不畜聚敛之臣[⑧]。与其有聚敛之臣，宁有盗臣。”此谓国不以利为利，以义为利也。长国家而务财用者，必自小人矣。彼为善之，小人之使为国家，灾害并至。虽有善者，亦无如之何[⑨]矣！此谓国不以利为利，以义为利也。

## 注释

①发身：发，即发达的意思，发身指修身。

②府库：国库，国家储存财物的地方。

③孟献子：姓仲孙名蔑，为鲁国的大夫。

④畜马乘：指士人初作大夫官的待遇。畜，意为养。乘，指用四匹

马拉的车。

⑤察：关注。

⑥伐冰之家：指丧祭时能够用冰保存遗体的人家，是卿大夫类大官的待遇。

⑦百乘之家：指拥有一百辆车的人家，在封建时代指有封地的诸侯王。

⑧聚敛之臣：聚，集聚；敛，征收。指搜刮钱财的家臣。

⑨无如之何：没有办法。

**译　文**

生财的方法有很多，生产的人多，消费的人少；生产的人勤奋，消费的人节省。这样，财富就能经常富足。有仁爱之心的人会以仗义疏财的方法提升自身的德行，不仁义的人，就会以不惜生命为代价去敛钱发财。在上位者，人人都崇尚仁德；在下位者人人就都会崇尚忠义。崇尚忠义的人都不会半途而废；国库里的财物没有不是属于君王的。孟献子说："养了四匹马拉车的士大夫之家，就不需再去养鸡养猪牟利；祭祀能够用冰的卿大夫家，就不要再去养牛养羊牟利；拥有一百辆兵车的诸侯之家，就不要去收养搜刮民财的家臣。与其有搜刮民财的家臣，不如有偷盗东西的家臣。"这意思是说，一个国家就不应该以收敛财物为利益，而应该以仁义为利益。做了国君却还一心想着去收敛聚财，这必然是有小人在诱导，而那国君还以为这些小人是君子，让他们去处理国家大事，结果天灾人祸一同降临。这时候即便有贤能的人，也无回天之力了。所以说，一个国家不应该以财富为利益，而应该以仁义为益。

**经典解读**

本章主要阐述了"生财有大道"的思想理念，进一步说明了关于"义"与"利"该取谁弃谁的问题。

"仁者以财发身，不仁者以身发财，""以财发身"的人把财产看作身外之物，所以能仗义疏财以修养自身的德行，进而也能从根本上获得更大的财富。而“以身发财”者，则是爱财如命，奉行“人为财死，鸟为食亡”的行事原则，不惜以生命为代价去收敛财富，或者说为了获取财富不惜贪赃枉法，不惜失去仁义道德，最终只能落得个吝啬鬼或者不仁不义的臭名声罢了。其实，人该有多少财并不重要，重要的是你更看中什么，假如你是个仁者，就应该用财去“发身”，即用钱去救助普通大众，以彰显自己的德行。这样才能获得真正的福气和恩泽，获得真正的实惠。

**哲理引申**

## 财散人聚，财聚人散

秦朝末期，刘邦、项羽争夺天下。垓下一战后，成者王侯败者寇，刘邦给子孙后代打下了江山，而项羽则给后人上演了一出霸王别姬的人生悲歌。

在一些人的印象中，刘邦本是个十足的流氓，而项羽则是个大英雄。为何最终得天下的却是刘邦而非项羽呢？原因很多，但其中一个因素便是刘邦是个懂得散财之人，而项羽则是个吝啬鬼。在刘邦看来，自己的天下本来就不是属于自己的，是大家合力打下来的，而得来的东西有的是不义之财，有的是白白捡来的，既是这样，还不如“千金散尽”。刘邦有一次甚至给了他的部下陈平 4 万斤铜币让他做活动经费，对其他手下人也是动辄赏金封侯。俗话说“重赏之下必有勇夫”，有了知人之心、容人之度，再加上豪爽豁达的出手，就根本不愁没人追随，没人辅佐了，因此刘邦成为最终的赢家。

相对于刘邦，项羽则很是小气，虽然他也会对战士嘘寒问暖、诉说家常，甚至有时候还会为战士的伤亡流几滴眼泪，但是，他给大家的封赏却只是一些小恩小惠。项羽打了胜仗之后，只懂得炫耀自己的能力，而忘记了跟他出生入死的部下，占了城池也不给部下什么奖赏以犒劳，还把金银财宝、漂亮女人都拉回了自己的老家彭城。他的小家子气再加上他的小心眼，使得有能力、有志向的部下都离他而去，只剩下一匹老马和一个伤神的美人伴着他，失败也是必然的。

战场是如此，商场亦然。这个道理虽然很多人都明白，但能做到的却是凤毛麟角。一些富有智慧的企业家用实际行动践行它，大胆与人分享胜利成果，还将荣耀和财富分给与他一起打拼的人，结果，他们的事业不仅没有被损害，而且更加辉煌巨大。

其实，这个世界上挣了钱的有两种人：一种是“精明人”，一种是“聪明人”。

精明人竭泽而渔，他第一次挣了100万，80%归自己，然后他的手下受到沉重的打击后，结果第二次挣回来的只有80万。

聪明人放水养鱼，他第一次挣了100万，分出80%给手下的人，结果，大家一起努力，第二次挣回来的就是1000万。即便他这次把90%分给大家，自己也还有100万。等到第三次的时候，大家打下的江山可能就是1个亿，再往后就是10个亿，这就叫作多赢。

独赢会使所有的人越赢越少，多赢会使所有的人越赢越多。所以，“精明人”挣小钱，“聪明人”赚大钱。“精明”与“聪明”仅仅只有一字之差，可结果相差何止千里万里。

散财的人将天下财作为自己的财，所以他们不怕散，因为他的财取之不尽、用之不竭。聚财的人将自己的财看作天下财，所以要聚，怕天下人从自己这里夺走财，所以，他就无法获得天下之财，无法团结更多的人来跟随他将事情做大，赚到更多的钱，积累更多的财富。这就是辩证法，当你散财时，你以为自己吃亏了，实际上是占了大便宜。反之，当你“聚财”的时候，你以为挣来的钱全部都装进了自己的腰包，是占了大便宜，但结果是“人散”，你因此而失尽人心，再也没有人为你卖命，你反而是吃了大亏。

如何看待自己的家业、财产，决定着你事业未来的高度和走向。如果你懂得散财给其他人，那就会有更多的人围绕在你身边，帮助你创造更多的财富。如果你将财富只聚集在自己手中，那么，将没有人跟随你继续赚取更多的财富，人们就会离开你，你的财富也就会如水一般地散去。

一个企业的经营者或领导者，要想让自己的企业有一个长远的发展，凝聚人心是最重要的。毕竟一个人的力量是十分有限的，一个人好了富了不算什么，只有让员工们满意才能使企业运转得更好，才能让企业在市场上立于不败之地。